Jack London

# Der Ruf der Wildnis

Aus dem Englischen
übersetzt von
Ulrich Bossier

Nachwort von
Wolfgang Hochbruck

W0196985

Philipp Reclam jun. Stuttgart

RECLAM TASCHENBUCH Nr. 20245
Alle Rechte vorbehalten
© 2012 Philipp Reclam jun. GmbH & Co. KG, Stuttgart
Umschlaggestaltung: büroecco!, Augsburg,
unter Verwendung einer Buchillustration von Paul Bransom (1903)
© ullstein bild – The Granger Collection
Gesamtherstellung: Reclam, Ditzingen
Printed in Germany 2012
RECLAM ist eine eingetragene Marke
der Philipp Reclam jun. GmbH & Co. KG, Stuttgart
ISBN 978-3-15-020245-6

www.reclam.de

# Inhalt

# Kapitel 1

## Der Weg zu den Ursprüngen

*Verhaltne Sehnsucht aus Nomadentagen*
*Schabt an gewohnten Ketten; irgendwann*
*Wird, was nur schlief, der Zähmung sich entschlagen,*
*Und alte Art bricht ungestüm sich Bahn.*

Buck las keine Zeitungen, sonst hätte er gewusst, dass sich
Unheil zusammenbraute – nicht nur für ihn selbst, sondern
für jeden wassertauglichen Hund vom Puget Sound bis hinunter nach San Diego, der kräftige Muskeln besaß und ein
warmes langhaariges Fell. Die Menschen hatten sich in die
arktische Finsternis vorangetastet und ein gelbes Metall
entdeckt, und seitdem Dampfschifffahrts- und andere Trans-
portgesellschaften den Fund mit lautem Getöse priesen,
strömten Männer zu Tausenden in das Nordland. Diese
Männer brauchten Hunde, und sie brauchten große, mas-
sige Hunde mit kräftigen Muskeln, die zu harter Arbeit be-
fähigten, und mit dichtem Pelz, der sie gegen die Kälte
schützte.

Bucks Heimat war ein großes Haus im sonnenverwöhnten Tal von Santa Clara, Kalifornien. Das Anwesen hieß allgemein ›Richter Millers Hof‹. Es lag ein wenig abseits der
Straße, halb verdeckt von Bäumen, welche nur hier und da
den Blick freigaben auf die breite, kühle Veranda, die das
Gebäude auf allen vier Seiten umschloss. Zu ihm hin wan-
den sich Kieswege durch ausgedehnte Rasenflächen und unter den ineinander verflochtenen Ästen hoher Pappeln hindurch. An der rückwärtigen Seite war alles eher noch groß-
zügiger bemessen als an der vorderen: geräumige Ställe, in
denen ein Dutzend Reitknechte und Rossburschen schwat-
zend ihrer Arbeit nachgingen; ganze Reihen weinberankter

Hütten für die Bediensteten und ein endloses, aber wohlge-
ordnetes Ensemble weiterer Nebengebäude; lange Lauben-
gänge; grüne Weiden; Obstbaumgärten und Beerenstrauch-
beete. Schließlich gab es noch die Pumpe für den Spring-
brunnen und das große zementierte Wasserbecken, in dem
Richter Millers Söhne ihr Morgenbad nahmen und sich an
heißen Nachmittagen abkühlten.

Und über diesen Großgrundbesitz herrschte Buck. Hier
war er geboren, hier hatte er die ersten vier Jahre seines Lebens verbracht. Sicherlich, es gab dort noch andere Hunde,
was kaum verwundert bei einem so gewaltigen Anwesen;
aber die zählten nicht. Sie kamen und gingen, bevölkerten
die Zwinger oder fristeten ein obskures Dasein in irgend-
welchen entlegenen Winkeln des Hauses, so wie Toots, der
Japanische Mops, oder Ysabel, die zur Rasse der Mexikanischen Nacktpinscher gehörte – seltsame Wesen, die kaum
einmal die Nasen aus der Tür steckten oder die Füße auf den
Boden setzten. Außerdem gab es da noch gut zwanzig Fox-
terrier, die drohend zu kläffen pflegten, wenn Toots und
Ysabel sich am Fenster blicken ließen; immerhin stand den
beiden eine Legion besen- und schrubberschwingender
Dienstmädchen zur Seite.

Buck jedoch war weder Haus- noch Zwingerhund. Ihm
gehörte das gesamte Reich ringsum. Er schwamm mit den
Söhnen des Richters im Wasserbecken und ging mit ihnen
jagen; er begleitete Mollie und Alice, die Töchter des Richters, auf ihren langen Wanderungen im Dämmerlicht des
Abends oder frühen Morgens; in Winternächten lag er zu
Füßen des Richters vor dem prasselnden Kaminfeuer in der
Bibliothek; er ließ des Richters Enkelkinder auf seinem Rücken reiten oder wälzte sich mit ihnen im Gras und wachte
über sie, wenn sie abenteuerliche Ausflüge unternahmen,
zum Brunnen hinter den Stallungen etwa oder noch weiter
hinaus, zu den Koppeln und den Beerensträuchern. Gebiete-

risch stolzierte er durch die Meute der Terrier; Toots und Ysabel ignorierte er völlig; schließlich war er hier König – König über alle kriechenden, krabbelnden, fliegenden Wesen auf Richter Millers Hof, menschliche inbegriffen.

Schon sein Vater Elmo, ein mächtiger Bernhardiner, und der Richter waren unzertrennliche Gefährten, und der Sohn schien in diese Rolle hineinzuwachsen. Ganz so stattlich wie Elmo war Buck mit seinen nur hundertvierzig Pfund freilich nicht; seine Mutter, Shep, war eine schottische Schäferhündin gewesen. Doch zu den hundertvierzig Pfund kam ja die Würde hinzu, die Wohlleben und allseitiger Respekt mit sich bringen, und so konnte er in wahrhaft königlicher Manier auftreten. Tatsächlich hatte er während seiner vier Jahre Welpenzeit das Leben eines saturierten Aristokraten geführt; er war ganz schön stolz auf sich, sogar etwas selbstgefällig, wie sich dies bei Landedelleuten aufgrund ihrer isolierten Existenz gelegentlich einstellt. Trotzdem wurde er kein verzärtelter Haushund. Die Jagd und ähnliche Frischluftvergnügen schützten ihn vor Fettansatz und härteten seine Muskulatur; wie bei all jenen Artgenossen, die sich gern im Wasser tummeln und ein kaltes Bad schätzen, tat die Liebe zum Wasser auch an ihm ihre stärkende und gesundheitsbewahrende Wirkung.

So stand es um Buck, den Hund, als im Herbst des Jahres 1897 die Sensation von Klondike Männer aus allen Ländern in den eisigen Norden lockte. Aber Buck las keine Zeitungen. Leider wusste er auch nicht, dass Manuel, einer der Gärtnergehilfen, eine nicht unbedingt empfehlenswerte Bekanntschaft war. Manuel hatte ein Gewohnheitslaster: Er spielte gern Chinesische Lotterie. Und beim Spielen hatte er auch noch eine Gewohnheitsschwäche: Er glaubte an ein unfehlbares System. Damit war sein Untergang unausweichlich. Denn fürs Spielen nach System braucht man Geld, und was Manuel als Gärtnergehilfe verdiente, reichte gerade einmal, um sich selbst, seine Ehefrau und eine stattliche Nachkommenschar durchzubringen.

Eines Tages besuchte der Richter eine Zusammenkunft des Verbands der Rosinenerzeuger, und seine Söhne trafen sich mit anderen Jungen, um einen Sportclub zu gründen. So waren sie nicht daheim an dem denkwürdigen Abend von Manuels Verrat. Niemand sah, wie er und Buck durch den Obstgarten das Gelände verließen und zu etwas aufbrachen, in dem Buck nicht mehr vermutete als einen kleinen Spaziergang. Und niemand sah, wie sie sich in Richtung Eisenbahn bewegten und schließlich bei der kleinen Bedarfshaltestelle College Park ankamen – niemand, außer einem einzelnen Mann. Dieser Mann wechselte ein paar Worte mit Manuel, und dann klimperte Geld zwischen den beiden.

»Eingtlich verpackt man ja seine Ware vernünftig, bevor man se liefert«, bemerkte der Fremde mürrisch. Manuel legte Buck einen dicken Strick um und fixierte die Schlinge unterhalb des Halsbands.

»Einfach zuziehn, dann bleibt'm voll die Luft weg«, empfahl Manuel; der Fremde brummte einen knappen Dank für den Rat.

Buck hatte den Strick mit ruhiger Würde hingenommen. Er fand die Aktion zwar ungewöhnlich, aber er hatte gelernt, den Menschen zu vertrauen und ihnen eine Weisheit zuzugestehen, die über seine hinausreichte. Als die Strickenden jedoch dem Fremden in die Hand gedrückt wurden, knurrte er drohend. Er deutete damit sein Missfallen nur an, weil er in seinem Stolz meinte, die bloße Andeutung komme einem Befehl gleich. Aber zu seiner Überraschung schnürte sich der Strick um seinen Hals zusammen und schnitt ihm den Atem ab. In jäher Wut sprang er den Mann an; der freilich fing ihn auf halbem Wege ab, packte ihn dicht bei der Kehle und warf ihn mit einer geschickten Drehung auf den Rücken. Unbarmherzig zog sich die Schlinge immer enger, als Buck sich tobend freizukämpfen suchte; schon baumelte ihm die Zunge aus dem Maul, und seiner breiten Brust entrang sich ohnmächtiges Keuchen. Nie in seinem ganzen Leben war er so gemein behandelt worden, und nie hatte er solchen Zorn gefühlt. Bald aber verebbte seine Kraft; seine Augen wurden glasig; er nahm gar nicht mehr wahr, wie die beiden Männer den Zug per Flaggensignal anhielten und ihn in den Gepäckwaggon warfen.

Als er wieder zu sich kam, blieben seine Empfindungen zunächst undeutlich. Immerhin spürte er: Seine Zunge schmerzte, und er lag in irgendeinem Transportmittel, das ihn stark durchrüttelte. Der heisere Pfiff einer Lokomotive an einem Bahnübergang sagte ihm genauer, wo er war. Schließlich hatte er den Richter oft genug auf dessen Reisen begleitet, da mochte er wohl wissen, wie sich die Fahrt in einem Gepäckwagen anfühlt. Er öffnete seine Augen, und der unbändige Zorn eines entführten Königs trat in seinen Blick. Der Mann wollte erneut rasch nach seiner Kehle greifen, aber er war nicht schnell genug für Buck. Seine Fänge schlossen sich um die Hand des Mannes und gaben sie erst wieder frei, als der Strick ihn abermals bis zur Besinnungslosigkeit würgte.

»Tja, kriegt er dauernd, diese Anfälle«, erklärte der Mann und verbarg seine zerfleischte Hand vor dem Gepäckwagenschaffner, den der Kampfeslärm herbeigelockt hatte. »Deshalb bring ich ihn für mein' Boss nach Frisco zu so 'm Superdokter, der weiß was dagegen, sagt er jedenfalls.«

Erst später schilderte der Mann die Ereignisse der nächtlichen Fahrt wortreich aus seiner Sicht; da hockte er im kleinen Hinterschuppen einer Hafenkneipe von San Francisco.

»Ganze fuffzich Piepn krieg ich dafür«, grummelte er. »Aber jetzt könnt man mir tausend bieten, bar aufe Kralle, und ich würds nich wieder machen.«

Seine Hand war in ein blutgetränktes Taschentuch gewickelt und sein rechtes Hosenbein vom Knie bis zum Knöchel aufgeschlitzt.

»Wie viel hat'n der andere Typ gekriegt?« fragte der Wirt.

»Einhundert«, lautete die Antwort. »Keinen Sou wollt der runtergehn, ehrlich.«

»Das wärn insgesamt hundertfuffzich«, rechnete der Wirt. »Ist er aber auch wert, oder man soll mich 'nen Trottel schimpfen.«

Der Kidnapper nahm den blutigen Verband ab und betrachtete seine zerbissene Hand. »Wenn das man nich Tollwut wird ...«

»... dann nur, weil de für'n Galgen geborn bist«, ergänzte der Wirt lachend. »So, jetzt hilf mir eben, dass wir mal weiterkommen mit deiner Fracht«, setzte er hinzu.

Noch ganz benommen, mit unerträglichem Schmerz in Kehle und Zunge, versuchte der halb zu Tode gedrosselte Buck sich seinen Peinigern entgegenzustellen. Doch sie schleuderten ihn nieder und würgten ihn erneut mehrmals hintereinander, denn er sollte stillhalten, bis sie das schwere Messinghalsband durchgefeilt hatten. Kaum war dies geschafft, lösten sie den Strick und warfen Buck in eine käfigartige Lattenkiste.

Hier lag er nun den Rest der Nacht und überließ sich seinem Groll und seinem verletzten Stolz. Er begriff nicht, was das alles sollte. Was hatten sie mit ihm vor, diese fremden Leute? Wozu pferchte man ihn in diese enge Kiste? Er wusste nicht warum, aber ihn bedrückte eine dumpfe Ahnung, dass Schlimmes bevorstand. Jedesmal, wenn sich während der Nacht die Tür des Schuppens knarrend öffnete, sprang Buck erwartungsvoll auf, denn er glaubte, es müssten gleich der Richter oder wenigstens seine Söhne hereintreten. Aber jedesmal war es nur das gedunsene Gesicht des Wirts, der ihn im schwachen Licht einer Talgkerze musterte.

Und jedesmal wandelte sich das freudige Bellen, das aus Bucks Kehle herauswollte, in ein böses Knurren.

Ansonsten ließ ihn der Wirt aber zufrieden. Am Morgen kamen vier Männer und holten die Kiste ab. Neue Quälgeister, befand Buck, denn es waren finstere Gestalten, zerlumpt und ungepflegt. Er raste und wütete gegen sie durch die Gitterstäbe. Doch die Kerle lachten nur und stießen mit Stöcken nach ihm, in die er prompt seine Zähne schlug, bis er merkte, dass sie genau dies bezweckten. Da legte er sich mürrisch hin und randalierte auch nicht, als man die Kiste hochhob und in einen Waggon lud. Nun sollten er und die Kiste, in der er gefangen war, eine Weile durch viele Hände wandern. Angestellte der Eilgutabteilung übernahmen Buck und verfrachteten ihn in einen anderen Waggon. Dann karrte ihn, zusammen mit etlichen Paketen und Schachteln, eine Lastkutsche auf einen Fährdampfer. Vom Fährdampfer beförderte man Buck in ein großes Eilgutlager der Eisenbahn, und schließlich verstaute man ihn im Gepäckwaggon eines Expresszugs.

Zwei Tage und zwei Nächte zerrten quietschende Lokomotiven den Gepäckwaggon hinter sich her, und zwei Tage und zwei Nächte bekam Buck weder zu fressen noch zu trinken. In seinem Zorn war er den ersten Annäherungsversuchen der Bahnleute mit bösem Knurren begegnet, und sie revanchierten sich, indem sie ihn triezten. Wenn er sich bebend und wutschäumend gegen die Stäbe schleuderte, verlachten und neckten sie ihn. Sie knurrten und bellten wie abscheuliche Köter, miauten oder schlugen mit den Armen und krähten. Alles pure Albernheit, das wusste Buck wohl, aber eben durch diesen Hohn fühlte er seine Würde noch ärger verletzt, und sein Zorn wuchs und wuchs. Der Hunger machte ihm nicht so viel aus, aber der Wassermangel quälte ihn grausam und fachte seinen Groll zu Fieberglut. Und wahrhaftig hatten die Misshandlungen bei dem hochempfindlichen und feinfühligen Buck ein Fieber ausgelöst, das sich infolge der Entzündung seines trockenen und geschwollenen Gaumens und Rachens noch verschlimmerte.

Eines zumindest freute ihn: Das Seil um seinen Hals war weg. Die Schlinge hatte seinen Feinden bisher einen unfairen Vorteil verschafft; jetzt aber, wo sie ihn nicht mehr hinderte, würde er es ihnen zeigen. Nie wieder sollten sie ihm einen Strick um den Hals legen; das stand für ihn fest. Zwei Tage und zwei Nächte hatte er weder gefressen noch getrunken; und während dieser zwei Tage und zwei Nächte sammelte er all seinen Zorn zu einer geballten Ladung, die nichts Gutes verhieß für den, der ihm als erster in die Quere käme. Seine Augen waren blutunterlaufen; er verwandelte sich mehr und mehr zu einem rasenden Dämon. Er hatte sich so stark verändert, dass nicht einmal der Richter ihn wiedererkannt hätte. Die Bahnleute atmeten jedenfalls erleichtert auf, als sie ihn in Seattle aus dem Zug schafften und ein Fuhrwerk ihn abholte.

Vier Männer trugen die Kiste behutsam in einen engen, von hohen Mauern umschlossenen Hinterhof. Ein stämmiger Mann mit einem roten Pullover, der ihm weit um den Hals schlackerte, kam heraus und quittierte dem Fahrer den Empfang im Frachtbuch. Dieser Mann, so schwante es Buck, würde sein nächster Peiniger. Ungestüm warf er sich gegen die Stäbe. Der Mann lächelte grimmig und holte eine Axt und einen Knüppel.

»Sie lassen ihn doch hoffentlich nicht jetzt gleich raus?« fragte der Kutscher.

»Doch, doch«, erwiderte der Mann und trieb die Axt in die Kiste, um die Latten wegzubrechen.

Und auseinander stoben die vier Männer, die den Käfig hereingetragen hatten, und suchten sich oben auf der Mauer einen sicheren Platz, um das Schauspiel zu verfolgen.

Buck stürzte sich auf das splitternde Holz, grub seine

Zähne hinein, schoss empor und rang mit den Stabresten wie mit einem lebendigen Gegner. Wo immer die Axt draußen niedersauste, fand er sich drinnen knurrend und schnaubend zur Stelle; er war ebenso in rasender Wut begierig, hinauszugelangen, wie der Mann mit dem roten Pullover in ruhiger Gelassenheit bestrebt war, ihn herauszuholen.

»Tja, dann komm, du rotäugiger Teufel«, rief er, als die von ihm geschaffene Öffnung groß genug war, dass Buck sich hindurchzwängen konnte. Nun ließ er die Axt fallen und den Knüppel in seine Rechte wandern.

Und wie ein rotäugiger Teufel wirkte Buck tatsächlich, als er sich jetzt duckte und mit gesträubtem Haar, schäumendem Maul und einem irren Glitzern in den blutunterlaufenen Augen zum Sprung ansetzte. Pfeilgerade schnellten einhundertvierzig Pfund Hass gegen den Mann, zusätzlich beschwert durch in zwei Tagen und zwei Nächten gestaute Rachsucht. Aber noch während er flog, als sich seine Fänge schon im Fleisch des Mannes schließen wollten, verspürte er einen Schlag, der seinen Schwung bremste und seine leeren Kiefer qualvoll zusammenklappen ließ. Er überschlug sich und landete halb auf dem Rücken, halb auf der Flanke. Noch nie in seinem Leben hatte ihn je ein Knüppel getroffen, und er verstand gar nicht, was eben geschehen war. Mit einem Geknurr, das einem Schrei näherkam als einem Gebell, drehte er sich zurück auf die Füße und schnellte erneut empor. Und erneut erfolgte der Hieb so heftig, dass er ihn zu Boden schmetterte. Diesmal merkte er, dass der Knüppel die Ursache war, aber die rasende Empörung ließ ihn alle Vorsicht vergessen. Ein Dutzend Mal noch wagte er eine Attacke, doch ebenso oft fing der Knüppel die Attacke ab und streckte ihn nieder.

Nach einem besonders heftigen Schlag erhob er sich mühsam, zu benommen, als dass er erneut hätte angreifen können. Er taumelte kraftlos umher; Blut floss ihm aus Nase, Mund und Ohren; dünne Spritzer und dickere Flecken blutigen Geifers besudelten sein schönes Fell. Nun kam der Mann näher und versetzte ihm wohlgezielt einen schrecklichen Hieb auf die Nase. Alle Qual, die er bisher hatte erdulden müssen, war nichts im Vergleich zu dieser sorgfältig bedachten Pein. Mit einem Gebrüll, das in seiner Unbändigkeit fast löwenähnlich geriet, unternahm er einen weiteren Vorstoß gegen den Mann. Aber der Mann ließ jetzt den Knüppel in seine Linke wandern, und mit der Rechten packte er den Hund kaltblütig am Unterkiefer und riss ihn gleichzeitig nach hinten und abwärts. Buck beschrieb einen vollständigen Kreis in der Luft, dann noch einen halben; dann krachte er, Kopf und Brust voran, zu Boden.

Ein letztes Mal stürmte er los. Der Mann vollführte jetzt jenen raffinierten Hieb, den er sich wohlweislich bis zuletzt aufgespart hatte. Buck krümmte sich und sank zur Erde; der letzte Schlag hatte ihm gänzlich die Sinne geraubt.

»Der hat vielleicht den Bogen raus, wie man Hunde kirre macht, alle Wetter«, rief einer der Männer auf der Mauer enthusiastisch.

»Nix für mich. Da mach ich lieber Wildpferde kirre, von mir aus jeden Tag eins und sonntags gleich zwei; das wär nich so anstrengend wie das da«, gab der Kutscher zur Antwort, stieg auf den Bock und trieb die Pferde an.

Das Bewusstsein erlangte Buck bald wieder, nicht jedoch seine Kraft. Er blieb liegen, wo er hingestürzt war, und beobachtete den Mann im roten Pullover.

»Hört auf den Namen Buck«, sagte der Mann zu sich selbst, während er den Brief des Kneipenwirts las, in dem dieser die Lieferung von Kiste und Inhalt angekündigt hatte. »Also, Buck, alter Junge«, fuhr er in jovialem Ton fort, »unsern klein' Krawall hammer ja nun gehabt, und ich würd mal sagen: wir lassens dabei. Du kennst jetzt dein' Part, und ich kenn mein'. Sei'n braver Hund – dann läuft die Sache rund, und alles ist in Butter. Bist du'n böser Hund, wamse ich dir die Füllung aus'm Leib. Klar?«

Während er dies sprach, tätschelte er furchtlos den Kopf, auf den er so gnadenlos eingedroschen hatte. Bucks Haare sträubten sich zwar bei der Berührung, aber er nahm sie ohne Protest hin. Als der Mann ihm Wasser brachte, trank er es begierig, und später verschlang er auch eine üppige Portion rohes Fleisch, das er Stück für Stück dem Mann aus der Hand fraß.

Er war besiegt (das wusste er), aber nicht gebrochen. Er begriff ein für allemal, dass er gegen einen Mann mit Knüppel nicht ankam. Er hatte eine Lektion erhalten, die er sein Lebtag nicht vergaß. Der Knüppel war eine Offenbarung. Er führte ihn ein in die Welt des Urgesetzes, und mehr Einführung brauchte er kaum. Das Leben zeigte jetzt ein grimmigeres Gesicht, und er stellte sich diesem Leben, stellte sich ihm unerschrocken und mit der ganzen ihm eigenen Klugheit, die tief in ihm geschlummert hatte und nun erwachte. Die Tage vergingen, und immer mehr Hunde trafen ein, in Holzkäfigen oder angeleint, einige bereits gefügig, andere tobend und brüllend wie er selbst, als er herkam. Doch sie alle, stellte Buck fest, mussten sich letztlich der Gewalt des Mannes im roten Pullover beugen. Wieder und wieder vollzog sich das grausame Schauspiel vor seinen Augen, und jedesmal hämmerte es ihm die Lehre ein: Ein Mann mit einem Knüppel ist ein Gesetzgeber, ein Gebieter, dem man gehorchen, aber nicht unbedingt schöntun muss. Dieser Schwäche machte Buck sich nie schuldig; bei anderen beobachtete er sie durchaus; manche der besiegten Hunde himmelten nämlich den Mann schwanzwedelnd an und leckten ihm die Hand. Freilich sah er auch, was geschah, wenn ein Hund weder schöntun noch gehorchen wollte: Er fand im Kampf um die Herrschaft den Tod.

Dann und wann kamen Männer, fremde Männer, die

aufgeregt mit dem Mann im roten Pullover sprachen und dabei all ihre Überredungskünste einsetzten. Und immer wenn dabei Geld von hier nach dort wechselte, nahmen die Fremden einen oder mehrere Hunde mit. Buck fragte sich, wohin die wohl verschwanden, denn keiner kehrte je zurück. Er empfand heftige Angst vor der Zukunft; deshalb freute er sich jedesmal, wenn der Tag zu Ende ging und er nicht ausgewählt worden war.

Doch auch für ihn kam schließlich dieser Moment. Er kam in Gestalt eines kleinen verhutzelten Mannes, der nur gebrochenes Englisch und viele seltsame, rüde klingende Ausrufe hervorstieß, die Buck nicht verstand.

»Sacredame!« schrie er, als sein Blick auf Buck fiel. »Das' ja eine Riesenviesch von 'und! Also? Wie viel?«

»Dreihundert. Wirklich geschenkt«, war die prompte Antwort des Mannes im roten Pullover. »Komm, dein Geld isses ja nich, zahlt eh die Regierung, denk ich ma, und die wird in dem Fall wohl nich meckern, wa, Perrault?«

Perrault grinste. Die Hundepreise waren inzwischen dank der ungewöhnlichen Nachfrage himmelhoch gestiegen; deshalb erschien die genannte Summe für so ein herrliches Tier nicht überzogen. Die kanadische Regierung konnte nichts dabei verlieren, zumal sich die Reisegeschwindigkeit ihrer Kuriere jetzt bestimmt nicht vermindern würde. Perrault verstand etwas von Hunden, und als er Buck genauer betrachtete, wusste er: Solch einen findet man nur einmal unter tausend – »ah, was sag isch – unter zehntausend«, kommentierte er in Gedanken.

Buck sah das Geld zwischen den beiden wandern und war nicht überrascht, dass der Hutzelmann neben Curly, einer gutmütigen Neufundländerin, auch ihn selbst wegführte. Den Mann im roten Pullover erblickte er nun zum letzten Mal, und als Curly und er vom Deck der *Narwal* aus dem entschwindenden Seattle hinterherschauten, erblickte er zum letzten Mal das warme Südland. Der Hutzlige schaffte Curly und ihn nach unten und übergab die beiden dort einem schwarzhäutigen Riesen namens François. Perrault war Frankokanadier und dunkel; François jedoch war ein frankokanadischer Mestize und doppelt so dunkel. Für Buck waren diese Leute eine unbekannte Menschenart (er sollte noch viele davon kennenlernen). Zuneigung zu ihnen würde er nicht entwickeln, wohl aber ehrlichen Respekt vor ihnen. Er erkannte bald, dass Perrault und François anständige Kerle waren, die besonnen und unparteiisch Gerechtigkeit übten und sich mit Hunden zu gründlich auskannten, als dass sie sich von ihnen ins Bockshorn hätten jagen lassen.

Auf dem Zwischendeck der *Narwal* trafen Buck und Curly noch zwei weitere Hunde. Der eine, ein großer schneeweißer Geselle, war seinerzeit vom Kapitän eines Walfängers aus Spitzbergen mitgebracht worden; später hatte er eine geologische Vermessungsaktion in die Arktis begleitet. Er war freundlich, aber auf eine tückische Weise: gerade wenn er einem ins Gesicht lächelte, heckte er irgendeine Hinterlist aus. So stahl er Buck gleich bei der ersten Mahlzeit einen Teil seines Fressens. Ehe sich Buck zur Strafe auf ihn stürzen konnte, pfiff schon François' Peitsche durch die Luft und erwischte den Übeltäter noch vor ihm; Buck brauchte sich den Knochen nur noch zurückzuholen. Das war anständig von François, befand Buck im stillen, und das Halbblut begann in seiner Achtung zu steigen.

Der zweite Hund machte keinerlei Annäherungsversuche und duldete auch keine, versuchte aber ebenso wenig, die Neulinge zu bestehlen. Er war ein finsterer, mürrischer Kerl, und er zeigte Curly deutlich, dass ihm an nichts mehr lag, als in Ruhe gelassen zu werden, und dass es Ärger geben würde, wenn man ihn nicht in Ruhe ließ. Dave war sein Name. Alles, was er tat, war fressen und schlafen und zwischendurch gelegentlich einmal gähnen; ansonsten interessierte ihn nichts; er reagierte nicht einmal, als die *Narwal* den Königin-Charlotte-Sund überquerte und dabei rollte, stampfte und bockte wie besessen. Während Buck und Curly vor Angst fast wahnsinnig wurden, hob er nur scheinbar verärgert den Kopf und gewährte den beiden einen gelangweilten Blick, dann gähnte er und schlief weiter.

Tag und Nacht kämpfte sich das Schiff voran im unablässig dröhnenden Pulstakt der Schraube; und wenn auch ein Tag sich kaum von dem anderen unterschied, merkte Buck doch deutlich, dass es stetig kälter wurde. Eines Morgens endlich schwieg die Schiffsschraube, und eine Stimmung allgemeiner Unruhe erfasste die *Narwal*. Buck fühlte, wie die anderen Hunde auch, dass eine Veränderung bevorstand. François leinte sie an und brachte sie nach oben. Beim ersten Schritt auf dem kalten Deck sanken Bucks Pfoten in ein weißes, breiiges, schlammähnliches Etwas. Schnaubend sprang er zurück. Aus der Luft fiel noch mehr von diesem weißen Zeug. Er schüttelte sich, aber es fiel immer mehr auf ihn. Er schnupperte neugierig daran und beleckte es dann mit der Zunge. Es brannte wie Feuer, aber im nächsten Augenblick war es weg. Dies verwirrte ihn. Er probierte es erneut, mit dem gleichen Ergebnis. Die Umstehenden lachten schallend, und er schämte sich, denn er wusste nicht warum; es war sein erster Schnee.

Kapitel 2

## Das Gesetz von Knüppel und Fangzahn

Der erste Tag am Strand von Dyae war für Buck wie ein Alptraum. Jede Stunde brachte ihm neuen Schrecken, neue schlimme Überraschung. Jählings fand er sich aus dem Herzen der Zivilisation fortgerissen und in eine rohe Urwelt geschleudert. Das war nicht mehr das gemütliche, sonnenverwöhnte Leben, in dem man nichts zu tun hatte als faulenzen und sich langweilen. Hier gab es keinen Frieden, keine Ruhe, keinen Augenblick der Sicherheit. Hier gab es nur hektisches, konfuses Treiben und ohne Unterlass Gefahr für Leib und Leben. Und die unerbittliche Notwendigkeit, ständig auf der Hut zu sein. Diese Hunde waren keine Stadthunde und die Männer keine Stadtleute. Sie waren Barbaren, allesamt, die kein Gesetz kannten außer dem Gesetz von Knüppel und Fangzahn.

Noch nie hatte er Hunde so kämpfen sehen, wie diese wölfischen Kreaturen kämpften, und dieses erste Mal erteilte ihm eine unvergessliche Lehre. Die bittere Erfahrung machte hier allerdings jemand anderes für ihn; sonst wäre sein Leben zu Ende gewesen, und er hätte die Lektion nicht mehr nutzen können. Es traf Curly. Das Camp befand sich in der Nähe eines Holzlagers; dort ging Curly in ihrer freundlichen Art auf einen Husky zu, einen Eskimohund von der Größe eines ausgewachsenen Wolfs, freilich nur halb so hoch wie sie. Jäh, ohne Vorwarnung, gab es nur einen blitzschnellen Satz nach vorn, ein metallisches Klicken der Zähne, einen ebenso raschen Satz nach hinten, und Curlys Gesicht war aufgerissen von den Augen bis zum Kiefer.

So kämpfen Wölfe: zuschlagen und wegspringen, aber da war noch etwas anderes. Dreißig bis vierzig Huskies rannten herbei und bildeten um die Kombattanten eine stille, gaffende Runde. Buck begriff weder die stumme Neugierde noch die lauernde Vorfreude, mit der sie sich die Lefzen leckten. Curly stürzte sich auf ihren Gegner, der aber erneut zuschlug und beiseitesprang. Ihre nächste Attacke wehrte er mit der Brust ab, und zwar so, dass es Curly zu Fall brachte. Sie kam nicht wieder hoch. Genau darauf hatten die Huskies ringsum gewartet. Knurrend und jaulend fielen sie über die Neufundländerin her; sie schrie auf in ihrer Todespein und war bald begraben unter einer wogenden Menge von Leibern.

Alles geschah so plötzlich und unerwartet, dass es Buck tief erschütterte. Er sah, wie Spitz seine scharlachrote Zunge herausstreckte – das war seine Art zu lachen; er sah, wie François eine Axt ergriff und in die Meute sprang. Drei Männer mit Knüppeln halfen ihm, die Hunde auseinanderzutreiben. Es ging ganz schnell. Zwei Minuten, nachdem Curly zu Boden gegangen war, hatten sie den letzten ihrer Angreifer fortgeprügelt. Sie selbst aber blieb liegen im blutigen, zertrampelten Schnee, schlaff und leblos, fast buchstäblich in Stücke gerissen; das dunkle Halbblut stand über ihr und fluchte grässlich. Die Szene prägte sich Buck ein; sie verfolgte ihn sogar im Schlaf. So ging es hier also zu. Keine Fairness. Einmal am Boden, und du bist erledigt. Nun, er würde eben dafür sorgen, dass er nie zu Boden ging. Spitz streckte abermals die Zunge heraus, was hieß: er lachte wieder. Von diesem Augenblick an hasste Buck ihn mit bitterem, unvergänglichem Hass.

Kaum hatte er sich von dem Schock, den Curlys tragisches Ende ihm bereitet hatte, halbwegs erholt, da ereilte ihn schon ein neuer. François befestigte an ihm eine Gerätschaft aus Riemen und Schnallen. Es handelte sich um ein Geschirr; er hatte daheim oft gesehen, wie die Knechte so etwas den Pferden anlegten. Die Pferde, die er da gesehen hatte, mussten arbeiten, und dies musste Buck nun auch. François spannte ihn vor einen Schlitten, und Buck zog ihn in den Wald, der das Tal säumte, und kehrte mit einer Ladung Brennholz zurück. Hatte man ihn also zum Zugtier degradiert! Dies verletzte ihn zwar empfindlich in seiner Würde, aber er war weise genug, nicht zu rebellieren. So neu und fremd sich das Ganze anfühlte: alle Willenskraft aufbietend, legte er sich ins Zeug. François kannte kein Pardon; er verlangte prompten Gehorsam, und, falls erforderlich, erzwang er ihn mit der Peitsche. Dave, ein erfahrener Deichselhund, zwickte Buck jedesmal mit den Vorderzähnen ins Hinterteil, wenn er einen Fehler beging. Spitz war der Leithund und als solcher ebenso erfahren; da er nicht immer nah genug an Buck herankam, knurrte er dann und wann grollend zu ihm hinüber, was eine scharfe Rüge bedeutete, oder er warf geschickt sein Gewicht in die Zugriemen, so dass Buck wieder in die richtige Spur gelangte. Dieser lernte rasch; seine beiden Kameraden und François lehrten ihn kundig, und so machte er bemerkenswerte Fortschritte. Noch ehe sie wieder ins Camp zurückkehrten, hatte er ein paar Grundregeln heraus: bei »Stop!« anhalten, bei »Los!« starten, in den Kurven weit ausschwenken und dem Deichselhund aus den Füßen bleiben, wenn der beladene Schlitten bergab schoss und ihnen dabei bedrohlich auf den Fersen war.

»'errlische 'unde, die drei«, meinte François zu Perrault. »Dieser Buck, der zieht ja 'öllenmäßisch. Dem bring isch alles bei im 'andumdrehn.«

Am Nachmittag brachte Perrault, der mit seinen Postsendungen eiligst auf den Trail wollte, weitere zwei Hunde ins Camp, die er Billee und Joe nannte; ein Brüderpaar, beide echte Huskies. Obwohl Söhne derselben Mutter, unterschieden sie sich wie Tag und Nacht. Billees entscheidender Fehler war eine übermäßige Gutmütigkeit, während Joe genau das Gegenteil war: verdrossen und in sich gekehrt, ständig knurrend und böse dreinschauend. Buck begrüßte die beiden kameradschaftlich; Dave ignorierte sie; Spitz jedoch wollte sie sich sogleich einen nach dem anderen vornehmen. Billee wedelte beschwichtigend mit dem Schwanz, wandte sich zur Flucht, als er merkte, dass bei Spitz Beschwichtigung nichts half, und jaulte laut (immer noch beschwichtigend), als er dessen scharfe Zähne in seiner Flanke spürte. Joe war kein so leichter Gegner. Zwar umkreiste Spitz ihn ausdauernd, doch Joe drehte sich auf seinen Pfoten mit und bot ihm stets die Stirn; sein Fell sträubte sich, er legte die Ohren an, verzog knurrend die Lefzen, ließ die Kiefer so schnell zusammenklappen, wie er zuschnappen konnte, und die Augen diabolisch glühen – die Inkarnation kampfbereiter Furcht. Seine Erscheinung wirkte derart abschreckend, dass Spitz sich gezwungen sah, den Disziplinierungsversuch einzustellen; aber die Niederlage musste er irgendwie überspielen, und so stürzte er sich auf den friedlichen, winselnden Billee und hetzte ihn bis an den Rand des Lagers.

Am Abend fand sich, dass Perrault einen weiteren Hund besorgt hatte, einen alten Husky, lang, hager und dürr, mit einem kampfzernarbten Gesicht und nur noch einem Auge, aus dem Kühnheit blitzte, ein Warnsignal, das Respekt gebot. Er hieß Sol Leks, das bedeutet ›der Zornige‹. Wie Dave verlangte er nichts, gab nichts und erwartete nichts; und als er nun langsam und bedächtig unter sie trat, ließ ihn sogar Spitz zufrieden. Eine seltsame Verhaltensweise war ihm eigen, und Buck hatte das Pech, sie als erster zu entdecken. Sol Leks mochte es nicht, wenn man sich ihm von seiner blinden Seite näherte. Genau dies tat Buck, ohne sich einer Schuld bewusst zu sein; dass der Neue in dieser Handlung einen Übergriff sah, merkte er erst, als Sol Leks zu ihm herumwirbelte und ihm die Schulter aufschlitzte, einmal hoch, einmal hinab, eine Wunde von drei Zoll, die bis auf den Knochen ging. Seither mied Buck Sol Leks' blinde Seite und hatte für die Dauer ihrer Kameradschaft keine Probleme mehr mit ihm. Sein einziger Ehrgeiz, so schien es zunächst, war, wie bei Dave, dass man ihn in Ruhe ließ; erst später sollte Buck feststellen, dass beide noch ein anderer, erheblich höher zielender Ehrgeiz umtrieb.

In der Nacht stand Buck vor der großen Schwierigkeit, einen Schlafplatz zu finden. Das Zelt, von einer Kerze erleuchtet, glomm behaglich inmitten der weiten Ebene; doch als er ganz selbstverständlich hineinging, bombardierten ihn François und Perrault gleichermaßen mit Flüchen und Küchengerät, bis er, nachdem er sich von seiner Bestürzung erholt hatte, einsah, dass ihm nur die schmähliche Flucht in die Kälte draußen blieb. Es blies ein eisiger Wind, der ihn schmerzhaft traf und besonders übel in die Wunde an seiner Schulter biss. Er legte sich in den Schnee und versuchte zu schlafen, aber der Frost trieb ihn bald wieder auf die Beine. Schlotternd, elend und verloren streifte er zwischen den vielen Zelten umher, nur um zu erfahren, dass eine Stelle so kalt war wie die andere. Hier und da wollten sich ruppige Hunde auf ihn stürzen, aber wenn sie herankamen, sträubte er nur sein Nackenfell und knurrte (ja, er lernte schnell), und sie ließen ihn unbehelligt weiterziehen.

Schließlich kam ihm eine Idee. Er würde zurückgehen und schauen, wie seine Schlittenkameraden sich behalfen. Zu seinem Erstaunen waren sie verschwunden. Erneut wanderte er kreuz und quer durch das große Camp, suchte sie wieder vergeblich und kehrte um. Waren sie im Zelt? Nein, unmöglich, sonst hätte man ihn ja nicht hinausgejagt. Wo aber konnten sie dann nur stecken? Mit hängender Rute und schlotterndem Leib, sich nun gar keinen Rat mehr wissend, umkreiste er ziellos das Zelt. Plötzlich gab der Schnee nach, wo seine Vorderpfoten standen, und er sank ein. Irgendetwas zappelte unter seinen Füßen. Knurrend und mit gesträubtem Fell sprang er zurück, voller Furcht vor dem, was er nicht sah und nicht kannte. Doch ein kurzes freundliches Kläffen beruhigte ihn, und er erforschte die Sache weiter. Ein Hauch warmer Luft stieg ihm in die Nase, und da, unter dem Schnee zu einer Kugel zusammengekuschelt, lag Billee. Er winselte besänftigend, krümmte und wand sich – das sollte guten Willen und beste Absichten bekunden; um sich Bucks Friedfertigkeit zu erkaufen, ging er sogar so weit, dass er dessen Gesicht mit seiner warmen, feuchten Zunge leckte.

Wieder eine Lektion. So machten die das also, aha! Zuversichtlich wählte nun auch er sich ein Plätzchen aus und ging daran, mit viel Aufwand und unnötiger Anstrengung ein Loch für sich zu graben. Im Nu füllte seine Körperwärme den engen Raum, und er schlief ein. Es war ein langer und mühsamer Tag gewesen, und so schlief er tief und behaglich, wenn er auch dann und wann grummelte und bellte, weil er mit schlechten Träumen zu kämpfen hatte.

Er schlug die Augen erst auf, als ihn der Lärm des erwachenden Lagers weckte. Zuerst wusste er nicht, wo er war. Es hatte die Nacht über geschneit, und nun er fand sich völlig begraben. Die Schneewände bedrängten ihn von allen Seiten, und eine gewaltige Woge der Angst durchströmte ihn – die Angst des wilden Tieres vor der Falle. Ein Zeichen dafür, dass er allmählich die Spur aufnahm, die sein eigenes Leben mit dem Leben seiner Ahnen verband; er selbst war ja ein zivilisierter Hund, ein allzu zivilisierter Hund sogar; aus eigener Erfahrung kannte er keine Fallen und hatte folglich bisher auch keine Angst vor diesen entwickeln können. Jetzt aber spannten sich instinktiv die Muskeln seines ganzen Körpers krampfartig, die Haare auf Nacken und Schultern standen zu Berge, und mit einem grimmigen Knurren sprang er pfeilgerade in den grellen Tag, von einer wirbelnden Schneewolke umstoben. Noch ehe er auf den Füßen landete, sah er das weiße Lager vor sich ausgebreitet und wusste, wo er sich befand. Nun erinnerte er sich wieder an alles, was in letzter Zeit geschehen war – von dem Spaziergang mit Manuel bis zu dem Loch, dass er sich letzte Nacht in den Schnee gegraben hatte.

Ein Willkommensschrei von François empfing ihn. »Was 'ab isch gesagt?« rief der Schlittenführer Perrault zu. »Dieser Buck lernt schneller als kannst kucken, aber 'undertprozentisch!«

Perrault nickte bedächtig. Als Kurier im Dienste der kanadischen Regierung, der wichtige Sendungen transportierte, war er darauf bedacht, die besten Hunde zu haben; daher freute ihn außerordentlich, dass dieser Buck nun ihm gehörte.

Binnen einer Stunde wurden dem Gespann noch drei Huskies hinzugefügt; machte insgesamt neun; und keine Viertelstunde später waren sie angeschirrt und folgten mit Schwung dem Trail Richtung Dyea Cañon. Buck freute sich, dass es losging, und obwohl die Arbeit schwer war, entdeckte er, dass er sie gar nicht so schlimm fand. Ihn überraschte der Eifer, der das ganze Team beseelte und bald auch ihn ansteckte. Noch überraschender aber fand er die Veränderung, die sich in Dave und Sol Leks vollzog. Sie waren neue Hunde, gänzlich verwandelt durch den Dienst im Gespann. Zuvor so lethargisch und gleichgültig, zeigten sie sich nun hellwach und aktiv, immer bestrebt, ihre Arbeit gut zu verrichten, und ärgerlich auf alles, was diese Arbeit behinderte, sei es Verzögerung oder Durcheinander. Die Fron in den Strängen schien der erhabenste Ausdruck ihres Wesens zu sein, das Eine, wofür sie lebten, das Einzige, das ihnen Wonne bereitete.

Dave war der Deichselhund und lief direkt vor dem Schlitten; vor ihm zog Buck; dann kamen Sol Leks und der Rest des Gespanns, in Einerreihe hintereinandergeschirrt, bis zum Leithund; diese Position besetzte Spitz.

Buck hatte man bewusst zwischen Dave und Sol Leks plaziert, damit diese ihm das Nötige beibrachten. Er war ein fähiger Schüler, die beiden waren aber auch fähige Lehrer, die nie zuließen, dass er gar zu lange im Irrtum verharrte, und ihrem Unterricht mit scharfen Zähnen Nachdruck verliehen. Dave war fair und sehr klug. Er kniff Buck nie ohne Grund, versäumte jedoch auch nie, ihn zu kneifen, wenn Anlass dazu bestand. Da François' Peitsche ihn unterstützte, erschien es Buck einfacher, seine Leistung zu verbessern, als Vergeltung zu üben. Einmal, während eines kurzen Halts, verheddertte er sich in den Riemen und verzögerte so den Aufbruch; prompt fielen Dave und Sol Leks über ihn her und verpassten ihm heftige Prügel. Dadurch entstand noch mehr Gewirr, aber Buck achtete fortan sorgfältig darauf, nicht in die Stränge zu geraten. Noch ehe der Tag verstrichen war, meisterte Buck seine Aufgabe schon so gut, dass die Kameraden ihn praktisch nicht mehr zurechtweisen mussten. François' Peitsche knallte seltener; und Perrault erwies ihm am Abend sogar eine besondere Ehre, indem er Bucks Pfoten hochhob und sorgfältig untersuchte.

Es war eine harte Tagesstrecke: den Cañon hoch, durch Sheep Camp, vorbei an den Scales, bis man die Baumgrenze hinter sich ließ, über Gletscher und Schneeverwehungen, hunderte Fuß tief, dann über den großen Chilkoot-Pass, der Salz- und Süßwasser voneinander scheidet und drohend den traurigen, einsamen Norden bewacht. Während der Fahrt entlang der Seenkette, welche die Krater erloschener Vulkane füllt, kamen sie rasch voran und erreichten spätabends das riesige Lager am oberen Ende des Bennett-Sees, wo Tausende von Goldsuchern Boote bauten, um für die Eisschmelze im Frühjahr gewappnet zu sein. Erneut grub sich Buck ein Loch in den Schnee und schlief den Schlaf des erschöpften Gerechten, doch wurde er nur gar zu bald wieder hinausgetrieben in die kalte Dunkelheit und mit seinen Gefährten vor den Schlitten gespannt.

An diesem Tag schafften sie vierzig Meilen, weil sie eine ausgefahrene Spur nutzen konnten. Am nächsten Tag jedoch mussten sie sich ihren Weg selbst bahnen; die Arbeit wurde schwerer und ihr Tempo langsamer. Gewöhnlich schritt Perrault dem Gespann voraus und trat mit seinen breiten netzbespannten Schuhen den Schnee platt, um es den anderen leichter zu machen. François lenkte den Schlitten mit der Steuerstange; manchmal wechselten sich die beiden ab, jedoch nicht sehr oft. Perrault hatte es eilig. Er wisse genau Bescheid über das Eis, rühmte er sich – ein Wissen, das man hier tatsächlich dringend brauchte, denn das Herbsteis war sehr dünn, und auf schnell strömendem Wasser bildete sich gar kein Eis.

Tag für Tag, endlose Tage plagte sich Buck in den Riemen. Immer brachen sie das Camp noch in der Dunkelheit ab, und das erste Grau des Morgens sah sie den Trail erreichen, da hatten sie schon etliche Meilen zurückgelegt. Immer schlugen sie das Lager abends nach Einbruch der Dunkelheit auf; die Hunde fraßen ihre Fischportion und verkrochen sich zum Schlafen in den Schnee. Buck war stets heißhungrig. Seine Tagesration, anderthalb Pfund luftgetrockneter Lachs, schien nichts zu bewirken. Jedenfalls reichte sie nie; er litt unaufhörlich Hunger. Dabei erhielten die anderen Hunde, weil sie weniger wogen und dieses Leben von Geburt an gewohnt waren, nur ein Pfund Fisch und blieben dennoch in guter Verfassung.

Die vornehme Bedächtigkeit, die sein früheres Leben charakterisiert hatte, legte Buck nun sehr bald ab. Einst ein langsamer und genießerischer Esser, musste er nun erkennen, dass seine Gefährten, wenn sie eher fertig waren als er, ihm wegschnappten, was er noch nicht verzehrt hatte. Dagegen ließ sich nichts ausrichten. Verjagte er zwei oder drei der

Konkurrenten, verschwand der Rest seiner Ration im Rachen der übrigen. Dem konnte er nur abhelfen, indem er so schnell fraß wie sie; ja, der Hunger trieb ihn noch weiter: Er hatte keine Skrupel, sich auch das zu nehmen, was gar nicht für ihn bestimmt war. Buck beobachtete und lernte. Als er sah, wie Pike, einer der neuen Hunde, ein gerissener Drückeberger und Dieb, hinter Perraults Rücken klammheimlich ein Stück Speck stahl, übertrumpfte er diesen Streich einen Tag später und stibitzte gleich die ganze Scheibe. Es entstand ein Riesenaufruhr, aber er blieb unverdächtigt; schließlich wurde Dub, ein hilfloser Tölpel, der sich immer erwischen ließ, für Bucks Missetat bestraft.

Dieser erste Diebstahl bewies, dass Buck das Zeug hatte, in den widrigen Gegebenheiten des Nordlandes zu bestehen. Er bewies sein Anpassungsvermögen, die Fähigkeit, sich auf veränderte Umstände einzustellen; diese nicht zu besitzen hätte ein rasches und schreckliches Ende bedeutet. Er bewies ferner den Verfall, nein, den Zusammenbruch dessen, was in ihm noch moralisch war; Moral erkannte er als sinnlos, ja hinderlich im unbarmherzigen Kampf ums Überleben. Im Südland, unter dem Gesetz von Liebe und Brüderlichkeit, mochte es gut und recht sein, privates Eigentum und persönliche Gefühle zu respektieren; aber im Nordland, unter dem Gesetz von Knüppel und Fangzahn, war jemand, der mit der Achtung solcher Werte rechnete, ein Narr, und wenn er sich selbst an sie hielt, brachte er es zu nichts.

Nicht, dass Buck durch Nachdenken darauf gekommen wäre. Er war eben lebenstauglich, fertig aus, und passte sich unbewusst der neuen Daseinsform an. Früher wäre ihm nie in den Sinn gekommen, einem Kampf auszuweichen, ganz gleich, wie die Chancen standen. Doch der Knüppel des Mannes im roten Pullover hatte ihm einen primitiveren, aber fundamentaleren Kodex eingebläut. In zivilisierten Tagen hätte er aus moralischen Beweggründen – etwa, um

Richter Millers Reitpeitsche zu retten – sein Leben geopfert; dass er sich nun dem Einsatz für moralische Zwecke verweigern konnte, um seine Haut zu retten, bezeugte, wie vollständig er sich entzivilisiert hatte. Er stahl nicht, weil ihm das Freude machte, sondern weil sein Magen rumorte. Er raubte nicht offen, sondern mit List und Tücke – aus Respekt vor Knüppel und Fangzahn. Kurz, er tat all dies, weil weniger Ärger drohte, wenn er es tat, als wenn er es nicht tat.

Seine Entwicklung (oder Rückbildung) verlief rasant. Seine Muskeln wurden hart wie Stahl, und er stumpfte ab gegen jeden gewöhnlichen Schmerz. Er verstand mit seinen Kräften hauszuhalten, und zwar innerlich und äußerlich. Er konnte alles fressen, einerlei, wie ekelhaft oder unverdaulich es war; hatte er es sich erst einmal einverleibt, entnahmen seine Magensäfte auch noch das letzte und geringste Partikel Nährstoff; den trug dann sein Blut in die fernsten Bereiche seines Körpers und fertigte daraus die zähesten und festesten Gewebe. Gesichts- und Geruchssinn schärften sich enorm, und sein Gehör entwickelte eine solche Feinheit, dass er im Schlaf das leiseste Geräusch vernahm und gleich zu bestimmen vermochte, ob es Frieden oder Gefahr ankündigte. Er lernte, das Eis, welches sich zwischen seinen Zehen ansammelte, mit den Zähnen herauszubeißen; und wenn er durstig war, und dickes Eis bedeckte das Wasserloch, bäumte er sich empor und zerschlug die Schicht mit steifen Vorderbeinen. Seine bemerkenswerteste Errungenschaft jedoch war diese: Er konnte den Wind riechen und wusste bereits in der Nacht, woher er morgen wehen würde. Selbst wenn sich kein Lüftchen regte, während er zu Füßen eines Baumes oder eines Erdwalles sein Nest grub, fand ihn der später aufkommende Wind stets leewärts, wohlgeschützt und behaglich gebettet.

Und nicht nur durch Erfahrung lernte er; es wurden

auch längst verschüttete Instinkte wieder lebendig. Die domestizierten Generationen fielen von ihm ab. Ohne dass er genau wusste, wie ihm geschah, erinnerte er sich zurück an die frühen Jahre seiner Rasse, als Wildhunde in Rudeln den Urwald durchstreiften und ihr Beutefleisch zu Tode hetzten. Spielend leicht lernte er nun nicht nur die Kampftechnik des Reißens und Aufschlitzens, sondern auch das rasche Zuschnappen nach Wolfes Art. So hatten schon seine vergessenen Ahnen gekämpft. Sie ließen das alte Leben in ihm neu erstehen, und die alten Finten, die sie dem Erbe der Rasse eingeprägt hatten, waren nun seine Finten. Die Fertigkeiten fielen ihm mühelos zu, ohne dass er sie bewusst entdeckte; es war, als hätte er sie schon immer gehabt. Und wenn er in den stillen, kalten Nächten die Nase zu einem Stern emporreckte und eine Weile heulte, wie dies Wölfe tun, so waren es seine Ahnen, längst gestorben und zu Staub zerfallen, die ihre Nasen zu dem Stern emporreckten und über die Jahrhunderte hinweg mit seiner Stimme heulten. Seine Melodie war ihre Melodie, jene Melodie, mit der sie zu Ton brachten, was sie litten und was für sie die Stille, die Kälte und das Dunkel bedeuteten.

Wie zum Zeichen, in welchem Maße doch das Leben an Marionettenfäden hängt, durchströmte ihn dergestalt das alte Lied, und er fand wieder zu sich selbst zurück. Und das, weil Menschen im Norden ein gelbes Metall gefunden hatten und weil Manuel nur ein Gärtnergehilfe war, dessen Lohn gerade einmal für sich, seine Frau und diverse kleine Kopien seiner selbst reichte.

## Kapitel 3

## Das urzeitliche Raubtier setzt sich durch

Mächtig regte sich in Buck jenes überlegene Raubtier aus der Urzeit, und unter den harten Bedingungen des Lebens auf dem Trail wurde es stärker und stärker. Aber es wuchs im Verborgenen. Die neu erworbene Schläue ermöglichte ihm Gelassenheit und Selbstbeherrschung. Doch wohl fühlte er sich nicht; er war zu sehr damit beschäftigt, sich auf die neuen Lebensumstände einzustellen. Daher suchte er nicht nur keinen Streit, sondern ging ihm tunlichst aus dem Weg. Eine gewisse Besonnenheit kennzeichnete sein Gebaren. Er neigte nicht zu hastigem und überstürztem Handeln. Selbst in der bitteren Feindschaft zwischen ihm und Spitz ließ er sich keine Ungeduld anmerken, vermied jede Provokation.

Spitz hingegen zeigte ihm, vielleicht weil er in Buck einen gefährlichen Rivalen witterte, bei jeder sich bietenden Gelegenheit die Zähne. Er schikanierte ihn, wo es nur ging, und wirkte beständig darauf hin, dass der Kampf begann, der nur mit dem Tod des einen oder anderen enden konnte. Fast wäre es schon am Anfang der Fahrt zu diesem Duell gekommen, hätte nicht ein ungewöhnliches Ereignis es verhindert. Gegen Abend jenes Tages errichteten die Männer ein elendes, erbärmliches Camp am Laberge-See. Schneetreiben, ein Wind so schneidend wie ein weißglühendes Messer und der Einbruch der Dunkelheit hatten sie gezwungen, nach einer Lagermöglichkeit zu suchen. Sie hätten es kaum schlimmer treffen können. Gleich hinter ihnen ragte eine senkrechte Felswand empor; so mussten Perrault und François direkt auf dem Eis des Sees Feuer machen und ihre Schlafsäcke ausbreiten. Das Zelt hatten sie in Dyea gelassen, um den Ballast zu verringern. Ein paar Stücke Treibholz verschafften ihnen ein Feuer, das bald im tauenden Eis versank und erlosch; so mussten sie ihr Abendbrot im Dunkeln essen.

Dicht unter dem schützenden Fels grub Buck sich sein Nest. Es war so kuschelig und warm, dass er es nur widerwillig verließ, als François den über dem Feuer aufgetauten Fisch verteilte. Buck vertilgte seine Ration und wollte zu seiner Schlafstätte zurück. Aber er fand sie besetzt. Ein drohendes Knurren ertönte, an dem er erkannte, dass Spitz der Eindringling war. Bis dahin hatte Buck jeden Zusammenstoß mit seinem Gegner vermieden, doch dies war zu viel. Das Raubtier in ihm tobte. Er sprang Spitz derart heftig an, dass es ihn selbst überraschte, mehr aber noch Spitz; denn nach seinen bisherigen Erfahrungen mit Buck hatte er diesen für einen außergewöhnlich furchtsamen Hund gehalten, der sich nur dank seiner Größe und seines Gewichts behaupten konnte.

Auch François war überrascht, als die beiden plötzlich in einem Knäuel aus dem zerwühlten Nest hervorschossen, doch rasch erriet er die Ursache des Streits. »A-a-ah!« schrie er zu Buck hin. »Fass! Der Dieb, der dreckisch 'alunk! Mak ihn fertisch!«

Spitz war ebenso entschlossen. Er heulte geradezu vor Zorn und Kampfbegier, während er Buck bald weiter, bald enger umkreiste, stets auf eine Chance wartend, zuzuschlagen. Buck war nicht minder kampfbegierig und nicht minder vorsichtig; auch er lief in bald weiteren, bald engeren Kreisen, immer auf einen günstigen Moment lauernd. Da aber geschah das Unerwartete, das Ereignis, welches ihren Streit um die Vorherrschaft in ferne Zukunft verschob; bis dahin sollten noch viele erschöpfende Meilen auf der beschwerlichen Strecke vergehen.

Ein Fluch Perraults, der laute Prall eines Knüppels auf einen knochigen Körper, ein schrill jaulender Schmerzensschrei kündigten ein Inferno an. Das Lager, so fand sich, wimmelte plötzlich von verstohlen huschenden Pelzgestalten – halbverhungerte Huskies, wohl achtzig oder hundert an der Zahl, die das Camp aus irgendeinem Indianerdorf in der Nähe gewittert hatten. Sie waren herangekrochen, während Buck und Spitz ihre Kampfpositionen bezogen hatten. Sofort sprangen die beiden Männer mit kräftigen Knüppeln zwischen die fremden Hunde, aber diese zeigten ihre Zähne und wehrten sich. Der Geruch des Proviants machte sie verrückt. Perrault sah, wie einer den Kopf in der Vorratskiste vergrub. Sein Knüppel landete wuchtig auf den dürren Rippen, und die Vorratskiste blieb umgestülpt liegen. Im Nu zankten sich etwa zwanzig der abgezehrten Tiere um das Brot und den Speck. Die Knüppel konnten nichts mehr verhindern. Die Tiere jaulten und heulten zwar unter dem Hagel von Schlägen, balgten sich aber weiter wie von Sinnen, bis der letzte Krümel verschlungen war.

Inzwischen waren die überrumpelten Schlittenhunde aus ihren Nestern hervorgestürzt, da fielen die grimmigen Eindringlinge sie auch schon an. Noch nie hatte Buck solche Hunde gesehen. Es schien, als würden die Knochen ihre Haut durchstoßen; sie waren bloße Skelette, in zu weite und verdreckte Felle gehüllt, mit glühenden Augen und triefenden Fängen. Doch der Hungerwahn machte sie furchterregend und unbezwingbar. Widerstand war zwecklos. Gleich die erste Angriffswelle trieb die Schlittenhunde zur Felswand zurück. Buck wurde von drei Huskies bedrängt, und Sekunden später hatte er tiefe Schlitzwunden in Kopf und Schultern. Ein grässliches Getöse erfüllte das Camp. Billee winselte wie üblich. Dave und Sol Leks floss Blut aus mindestens zwanzig Stellen, doch sie kämpften tapfer Seite an Seite. Joe schnappte um sich wie ein tobender Dämon. Einmal schlossen sich seine Kiefer um das Vorderbein eines Huskys, und er zermalmte den Knochen, dass es nur so

knirschte. Pike, der Drückeberger, sprang auf das schon ver-
krüppelte Tier und brach ihm mit einem blitzschnellen Biss
und einem kurzen Ruck das Genick. Buck erwischte einen
schaumtriefenden Widersacher an der Kehle; Blut bespritzte
ihn, als sich seine Zähne in die Gurgel des anderen bohrten.
Der Geschmack des warmen roten Saftes trieb ihn zu noch
fürchterlicherem Grimm. Er warf sich auf den nächsten
Feind – da spürte er plötzlich, wie sich Zähne in *seine* Kehle
gruben. Es war Spitz, der ihn heimtückisch von der Seite
attackierte.

Endlich hatten Perrault und François ihren Teil des Lagers befreit; nun eilten sie ihren Schlittenhunden zu Hilfe.
Die unbändige Meute ausgemergelter Bestien wich vor ihnen, und Buck konnte sich losschütteln. Doch die Atempau-
se währte nur kurz. Die beiden Männer mussten zurücklau-
fen, um den Proviant zu retten; daraufhin attackierten die
Huskies erneut das Gespann. Billee, vor lauter Angst plötzlich tollkühn, sprang mitten durch den Kreis der rasenden
Angreifer und floh hinaus aufs Eis. Pike und Dub folgten
dicht dahinter, dann die übrigen. Buck spannte schon seine
Muskeln und wollte ihnen nachsetzen, da bemerkte er aus
dem Augenwinkel, wie Spitz auf ihn zustürmte, eindeutig in
der Absicht, ihn niederzurennen. Sollte er zu Boden gehen
und unter der Masse der Huskies zu liegen kommen, war er
verloren. Aber es gelang ihm, den Aufprall abzufangen;
dann floh er den anderen hinterher auf den See.

Später sammelten sich die neun Hunde des Gespanns
und suchten Schutz im Wald. Zwar wurden sie nicht mehr
verfolgt, aber ihr Zustand war auch so beklagenswert genug.
Jeder hatte mindestens vier, fünf Wunden; einige davon er-
wiesen sich als schwere Verletzungen. Dub war an einem
Hinterbein böse zugerichtet; Dolly, als letzter Husky in
Dyea dazugekommen, hatte eine übel aufgerissene Kehle,
Joe nur noch ein Auge, der gutmütige Billee schließlich ein

zerbissenes und zerfetztes Ohr, weshalb er die ganze Nacht hindurch heulte und wimmerte. Bei Tagesanbruch humpelten sie vorsichtig ins Camp zurück. Plünderer fanden sie dort keine mehr, wohl aber zwei Männer in miserabler Stimmung. Gut die Hälfte des Proviants war fort. Die Huskies hatten die Schlittenleinen und die Packdecken aus Segeltuch durchgebissen. Eigentlich war ihnen nichts auch nur entfernt Essbares entgangen. Selbst Perraults Elchledermokassins hatten sie hinuntergewürgt. Auch fehlten etliche Zoll Zugriemen und sogar zwei Fuß am Ende der Peitsche, die François zu schwingen pflegte. Endlich riss sich François vom betrüblichen Anblick dieses Schadens los und beschaute seine verwundeten Hunde.

»O weh, ihr brave Bursch«, klagte er leise, »die viele Biss, wenn ihr da mal nischt kriegt Tollwut! Womöklisch all meine 'und jetzt tollwütisch, sacredame! Was sage du, eh, Perrault?«

Der Kurier wiegte bedenkenvoll den Kopf. Bis Dawson waren es noch vierhundert Meilen; da konnte er sich Tollwut unter seinen Hunden nicht leisten. Nach zwei Stunden Fluchen und Anstrengung hatte man das Geschirr wieder hergerichtet. Die wundenlahmen Tiere zogen los und quälten sich über das schwerste Stück des Trails, das sie bisher hatten bewältigen müssen. Es war sogar das schwerste Stück der ganzen Fahrt nach Dawson.

Der Thirty Mile River war über weite Strecken offen. Seine wilde Strömung trotzte dem Frost, und nur an Wirbeln und besonders stillen Stellen hielt das Eis. Sechs Tage erschöpfender Plackerei waren nötig, um diese schrecklichen dreißig Meilen zu bewältigen. Ja, schrecklich waren sie, denn Mann und Hund riskierten bei jedem Schritt ihr Leben. Wohl ein Dutzend Mal krachte Perrault, der den richtigen Weg aufzuspüren hatte, durch die Eisbrücken; und stets rettete ihn nur die lange Stange, die er mit sich führte und immer so hielt, dass sie jedesmal quer über dem Loch lag, das sein Körper gestanzt hatte. Unglücklicherweise herrschte gerade eine Kälteperiode; das Thermometer zeigte fünfzig Grad Fahrenheit unter Null; und immer wenn Perrault ins Eis einbrach, musste er, des bloßen Überlebens wegen, ein Feuer machen, um sich zu wärmen und seine Kleider zu trocknen.

Doch ihn konnte nichts schrecken. Eben weil ihn nichts schrecken konnte, hatte ihn ja die Regierung zum Kurier bestimmt. Er scheute keine Gefahr, reckte sein kleines verwittertes Gesicht entschlossen dem Frost entgegen und kämpfte sich vorwärts, vom trüben Morgen bis in die dunkle Nacht. Er fuhr auf dem Eis am Rand der bedrohlichen Flussufer entlang, das sich unter ihren Füßen bog und knackte und auf dem sie nicht zu halten wagten. Einmal brach der Schlitten ein, zusammen mit Buck und Dave; sie waren halb erfroren und fast ertrunken, als man sie herauszog. Das übliche Feuer musste sie retten. Eine feste Eisschicht bedeckte sie, und die beiden Männer jagten sie beständig so nahe ums Feuer herum, dass die Hunde nicht nur schwitzten und die Kruste taute, sondern sie sich an den Flammen auch das Fell versengten.

Ein andermal sackte Spitz ein. Er riss fast das gesamte Gespann mit sich, beinahe auch Buck, der jedoch die Vorderpfoten in die rutschige Kante krallte und mit aller Kraft dagegenhielt. Das Eis ringsum bebte und krackelte schon. Doch hinter ihm stand Dave, der sich ebenfalls gegenstemmte, und hinter dem Schlitten François, der an dem Gefährt zog, bis ihm die Sehnen ächzten.

Und wieder brach das ufernahe Eis weg, vor ihnen und hinter ihnen; jetzt gab es nur eine Rettung: die Felsklippe hinauf. Wie durch ein Wunder konnte Perrault sie erklimmen – François hatte indessen für ebendieses Wunder gebetet. Man knotete sämtliche verfügbaren Riemen und Leinen zusammen, auch den letzten Zoll Geschirrleder; so entstand ein langes Seil, an dem Perrault die Hunde einzeln zum Kamm der Klippe emporzog. François kam zuletzt, noch nach dem Schlitten und der Ladung. Nun suchte man eine geeignete Stelle für den Abstieg, der schließlich ebenfalls mit Hilfe des Seils bewerkstelligt wurde. Bei Einbruch der Nacht waren sie wieder auf dem Fluss. An diesem Tag hatten sie nur eine Viertelmeile geschafft.

Als sie den Hootalinqua erreicht und damit endlich wieder festes Eis unter den Füßen hatten, war Buck am Ende seiner Kräfte. Den anderen Hunden erging es genauso; Perrault aber trieb sie vorwärts, früh und spät, um den Zeitrückstand auszugleichen. Am ersten Tag bewältigten sie schon fünfunddreißig Meilen bis zum Big Salmon, am nächsten weitere fünfunddreißig bis zum Little Salmon, am nächsten vierzig, was sie fast bis zu den Five Fingers brachte.

Bucks Pfoten konnten es an Robustheit nicht mit denen der Huskies aufnehmen. Im Laufe der vielen Generationen, seit irgendwelche Höhlenmenschen oder Flussanwohner den letzten seiner wilden Vorfahren gezähmt hatten, waren sie verweichlicht. Den ganzen Tag humpelte er unter rasenden Schmerzen, und wenn das Lager aufgeschlagen war, fiel er wie tot um. Obwohl er hungrig war, rührte er sich nicht einmal vom Fleck, um seine Ration Fisch zu holen; François musste sie ihm bringen. Der Hundeführer massierte ihm auch jeden Abend nach dem Essen eine halbe Stunde lang die Pfoten, und er opferte sogar das Oberteil seiner eigenen Mokassins und fertigte daraus vier kleine für Buck. So wurde das Laufen bedeutend leichter. Eines Morgens brachte Buck sogar das verwitterte Gesicht Perraults zum Grinsen: da hatte François die Mokassins vergessen, und prompt legte sich der auf den Rücken, streckte alle viere fordernd in die Luft und weigerte sich, auch nur einen Schritt ohne sie zu tun. Später härteten sich seine Sohlen auf der Strecke

von selbst ab, und das abgewetzte Schuhwerk wurde wegge-
worfen.

Eines Morgens, am Pelly River, als die Männer ihr Gespann anschirrten, wurde Dolly, die noch nie verdächtige
Symptome gezeigt hatte, plötzlich toll. Sie verkündete ihren
Zustand mit einem gedehnten Wolfsgeheul, so herzzerrei-
ßend, dass es jedem Hund Angstschauer über den Rücken
jagte und das Fell sträubte; dann schoss sie geradewegs auf
Buck los. Der hatte noch nie einen tollen Hund gesehen,
wusste daher auch keinen Grund, weshalb man Tollwut
fürchten sollte; er erkannte jedoch sofort, dass hier Grauen-
volles drohte, und floh in panischem Entsetzen. Schnur-
stracks rannte er davon, die hechelnde und schäumende
Dolly eine Sprungweite hinter sich; weder konnte sie ihn
einholen, so gewaltig war sein Schrecken, noch konnte er sie
abschütteln, so gewaltig war ihre Tollheit. Er stürmte über
den bewaldeten Hügel der Insel, suchte Schutz am tiefer gelegenen Ufer, überquerte einen mit Packeis bedeckten Nebenarm, gelangte auf eine zweite Insel, dann auf eine dritte,
lief einen Bogen zurück zur Hauptader des Flusses und
machte sich in seiner Verzweiflung daran, diesen zu durch-
queren. Und die ganze Zeit, auch wenn er sich nicht um-
blickte, hörte er hinter sich Dollys Knurren, unverändert
nur eine Sprungweite von ihm getrennt. Da rief ihm François aus einer Viertelmeile Entfernung etwas zu; Buck
machte kehrt und raste zurück, wahrte dabei immer noch
den Vorsprung, schnappte unter Schmerzen nach Luft und
setzte alle Hoffnung darauf, dass François ihn rettete. Der
Hundeführer erwartete die beiden mit hoch erhobener Axt,
und kaum war Buck an ihm vorbeigesaust, krachte die Axt
auf den Schädel der tollwütigen Dolly.

Buck taumelte gegen den Schlitten, erschöpft, nach Atem
ringend, hilflos. Nun sah Spitz seine Stunde gekommen. Er
fiel Buck an, und zweimal gruben sich seine Zähne in den

wehrlosen Widersacher und rissen und schlitzten ihm das Fleisch bis zu den Knochen auf. Da aber sauste François' Peitsche nieder, und Buck erlebte die Genugtuung, dass Spitz die ärgste Tracht Prügel kassierte, die je einer in diesem Gespann bezogen hatte.

»Ein Teufel, dieser Spitz«, bemerkte Perrault. »An irgendeim Dreckstag makt der den Buck nok alle.«

»Einer? Zwei Teufel, dieser Buck!« konterte François. »Isch beobakt den schon ganze Zeit, und isch weiß Bescheid. Glaub mir: an irgendeim schön Dreckstag dreht er dursch wie sonstwas, da kaut er den Spitz zu kleine Stück und spuckt ihn in Schnee. Bestimmt. Weiß isch jetzt schon.«

Seitdem war Krieg zwischen Spitz und Buck. Spitz, als Leithund anerkannter Herrscher im Gespann, fühlte seine Vorrangstellung durch diesen merkwürdigen Südlandhund bedroht. Ja, Buck erschien ihm merkwürdig, denn von den vielen Südlandhunden, die ihm bisher begegnet waren, hatte sich kein einziger im Lagerleben und auf dem Trail bewährt. Alle waren sie zu weich, starben früher oder später an Erschöpfung, Kälte oder Hunger. Buck war die große Ausnahme. Er allein hielt durch und wurde sogar stärker, den Huskies an Kraft, Wildheit und List ebenbürtig. Außerdem war er ein Hund, der nach Herrschaft strebte, und als solcher nicht zuletzt deshalb so gefährlich, weil der Knüppel des Mannes im roten Pullover alle blinde Waghalsigkeit und Überstürztheit aus seinem Streben nach Macht herausgeprügelt hatte. Er war überaus gerissen und konnte ruhig den richtigen Augenblick abwarten – mit einer wahrhaft urwüchsigen Geduld.

Der Kampf um die Führung war unvermeidlich. Buck wollte ihn. Er wollte ihn, weil dies in seiner Natur lag, weil jener namenlose, unbegreifliche Stolz auf die beschwerliche Bewältigung der Strecke ihn gepackt hatte – der Stolz, der Hunde bis zum letzten Atemzug bei der Arbeit hält, der sie dazu verleitet, freudig im Geschirr zu sterben, und der ihnen das Herz bricht, wenn man sie aus den Riemen schneidet. Dieser Stolz packte Dave, wenn er als Deichselhund lief, und Sol Leks, wenn er mit aller Kraft zog; dieser Stolz erfasste sie, wenn sie aus dem Lager aufbrachen, und verwandelte missmutige und störrische Tiere in arbeitswillige, eifrige, ehrgeizige Geschöpfe; dieser Stolz spornte sie den ganzen Tag an und schwand erst abends, wenn er sie zurückfallen ließ in düstere Unrast und Unzufriedenheit. Dieser Stolz trieb auch Spitz um, wenn er jene Schlittenhunde malträtierte, die im Geschirr strauchelten, sich von den übrigen mitschleifen ließen oder sich morgens zur Anspannzeit versteckten. Es war der gleiche Stolz, der ihn fürchten ließ, Buck könnte Leithund werden. Und dass er dies fürchtete, erfüllte wiederum Buck mit Stolz.

Er stellte die Führung des anderen offen in Frage. Er trat zwischen ihn und die Faulpelze, die Spitz hätte bestrafen müssen – eine gezielte Provokation. Eines Nachts hatte es heftig geschneit, und am Morgen fehlte Drückeberger Pike wieder einmal. Er lag sicher geborgen in seinem Nest unter einer fußhohen Schneedecke. François rief und suchte ihn vergeblich. Spitz raste vor Zorn. Er tobte durchs Lager, schnüffelte und scharrte an jeder verdächtigen Stelle und knurrte dabei so furchterregend laut, dass Pike es in seinem Versteck hörte und erschauderte.

Als man ihn schließlich doch aufstöberte und Spitz über ihn herfallen wollte, um ihm seine Strafe zu verabreichen, warf sich Buck mit ebenso heftigem Zorn dazwischen. Die Attacke kam so unerwartet und war so raffiniert, dass es Spitz umhaute und nach hinten schleuderte. Pike, der eben noch elendig gezittert hatte, fasste sich nun angesichts dieser offenen Meuterei ein Herz und stürzte sich auf seinen hingefallenen Führer. Buck, dem das *fair play* keine gültige Verhaltensmaßregel mehr war, stürzte sich gleichfalls auf

Spitz. François freute sich zwar insgeheim über den Vor-
gang; hinnehmen durfte er, der unbeirrbare Gerechtigkeits-
hüter, ihn freilich nicht; also zog er Buck mit voller Wucht
die Peitsche über. Als Buck trotzdem nicht von seinem am
Boden liegenden Rivalen ließ, kam der Peitschenknauf zum
Einsatz. Halb benommen von dem Schlag taumelte Buck
rückwärts, und mehrfach sauste die Peitsche auf ihn nieder,
während Spitz dem Dauersünder Pike eine gehörige Abrei-
bung verpasste.

Auch an den folgenden Tagen, da Dawson näher und näher rückte, trat Buck wiederholt zwischen Spitz und die De-
linquenten; freilich tat er es schlauerweise nur, wenn François abwesend war. Durch Bucks verdeckte Meuterei entstand allgemeine Auflehnung im Gespann, die immer weiter
um sich griff. Nur Dave und Sol Leks ließen sich nicht an-
stecken; bei den übrigen jedoch wurde es immer schlimmer.
Nichts lief mehr reibungslos. Fortwährend gab es Gezänk
und Gerangel; immerzu drohte irgendwo Ärger; und hinter
allem steckte letztlich Buck. Dank ihm hatte François nie
Ruhe; den Hundetreiber plagte die dauernde Sorge, jeden
Moment könnte der Kampf auf Leben und Tod zwischen den
beiden losbrechen, von dem er wusste, dass er früher oder
später stattfinden musste. Mehrfach trieb ihn nachts der
Lärm streitender und balgender Hunde aus dem Schlafsack,
weil er fürchtete, Buck und Spitz seien bereits beim Duell.
Aber die Gelegenheit ergab sich erst einmal nicht. An einem
trüben Nachmittag fuhren sie in Dawson ein, und der große
Kampf ließ auf sich warten. Hier sah Buck viele Männer und
auch zahllose Hunde, die, wie er feststellte, alle bei der Arbeit waren. Offenbar entsprach es einer höheren Ordnung
der Dinge, dass Hunde arbeiteten. Den ganzen Tag über glitten lange Gespanne die Hauptstraße hinauf und hinunter,
und selbst in der Nacht noch hörte man das Geklingel ihrer
Glöckchen vorbeiziehen. Die Hunde schleppten Baumstäm-

me für Blockhütten und Brennholz heran, transportierten schwere Fracht zu den Goldminen hoch und leisteten alle möglichen Arbeiten, die im Santa-Clara-Tal Pferde verrichteten. Hin und wieder traf Buck Hunde aus dem Süden; die meisten jedoch gehörten zur Rasse der wilden Wolfshuskies. Jede Nacht, immer um neun, um zwölf und um drei, stimmten sie ihr nächtliches Lied an, einen unheimlichen, schaurigen Gesang, in den Buck mit Wonne einfiel.

Das Polarlicht, das kalt am Himmel flammte, die Sterne, die im Frosttanz wippten, das Land, das dumpf und gefroren unter seinem Leichentuch aus Schnee lag – in dieser Szenerie hätte der Gesang dem Leben trotzen können. Allein, er stand in Moll; die langgezogenen Wehlaute und abbrechenden Schluchzer ließen ihn eher um Leben flehen und taten ein beschwerliches Dasein kund. Es war ein altes Lied, alt wie das Geschlecht der Hunde selbst – eines der ersten Lieder der noch jungen Welt, zu einer Zeit, da Lieder immer traurig waren. Sie barg das Leid unzähliger Generationen, diese Klage, die Buck so seltsam berührte. Wenn er stöhnte und winselte, sprachen daraus der Schmerz des Lebens, der einst auch der Schmerz seiner wilden Ahnen gewesen war, die Furcht und das Geheimnis von Kälte und Dunkelheit, die auch ihnen Furcht und Geheimnis bedeutet hatten. Und dass Buck das Lied so ergriff, bewies, dass er mit seinem Horchen den Weg durch die Jahrhunderte schon fast vollständig zurückgelegt hatte – von Herdfeuer und Dach bis hin zu den rauhen Anfängen des Lebens in den Zeiten des Geheuls.

Sieben Tage blieben sie in Dawson; dann fuhren sie das Steilufer nahe der Polizeikaserne hinunter zum Yukon-Trail und zogen Richtung Dyea und Salt Water. Perrault führte Sendungen mit sich, die womöglich noch dringender waren als jene, die er hergebracht hatte. Zudem hatte ihn der Eifer gepackt: Er nahm sich vor, den Streckenrekord des Jahres aufzustellen. Aus mehreren Gründen standen seine Chancen nicht schlecht. Während der einwöchigen Ruhepause hatten die Hunde ihre Kräfte wiedergewonnen und waren nun in Bestform. Der Trail, den sie auf dem Herweg sich mühsam durch die Landschaft hatten bahnen müssen, war von nachfolgenden Gespannen gründlich ausgefahren worden. Außerdem hatte die Polizei an zwei, drei Stellen Versorgungsdepots für Mensch und Hund errichtet, so dass Perrault mit leichtem Gepäck reisen konnte.

Am ersten Tag schafften sie die fünfzig Meilen bis Sixty Mile, und der zweite sah sie den Yukon hochjagen, geradewegs auf Pelly zu. Sie erzielten ein hervorragendes Tempo, doch gab es auf dieser Fahrt auch jede Menge Ärger und Verdruss, besonders für François. Die heimliche Revolte unter der Leitung Bucks hatte das Gemeinschaftsgefühl im Gespann zerstört, und es zog den Schlitten nicht mehr wie ein einziger Hund. Die Unterstützung, die Buck den Rebellen gab, ermunterte diese zu allerlei kleineren Vergehen. Spitz war kein Führer mehr, der große Furcht einflößte. Der einstige Respekt schwand dahin, und gemeinsam fühlten sie sich gewachsen, seine Autorität in Frage zu stellen. Pike raubte ihm eines Abends die Hälfte seiner Fischration und verschlang sie, wobei Buck ihm Deckung gab. An einem anderen Abend attackierten Dub und Joe Spitz und verhinderten so, dass er ihnen die Strafe verabreichte, die sie verdient hatten. Selbst Billee, der Gutmütige, zeigte sich weniger gutmütig und winselte längst nicht mehr so besänftigend wie ehedem. Buck näherte sich Spitz nie, ohne drohend zu knurren und das Fell zu sträuben. Genaugenommen unterschied sich sein Betragen kaum noch von dem eines Raufbolds, und er ließ es sich nicht nehmen, direkt vor Spitz' Nase auf und ab zu stolzieren.

Der Zusammenbruch der Disziplin wirkte sich auch auf das Verhältnis der Hunde untereinander aus. Sie zankten und fetzten sich mehr denn je, und im Lager ging es manchmal zu wie im Tollhaus. Nur Dave und Sol Leks blieben unverändert, allerdings machten die endlosen Kabbeleien sie reizbar. François stieß seltsame barbarische Flüche aus, trampelte in ohnmächtigem Zorn auf dem Schnee herum und raufte sich die Haare. Unablässig pfiff seine Peitsche zwischen die Hunde, doch viel half es nicht. Kaum kehrte er ihnen den Rücken, fingen sie wieder an. Er unterstützte Spitz mit seiner Peitsche, Buck unterstützte das restliche Gespann. François wusste, dass Buck hinter all den Misshelligkeiten steckte, und Buck wusste, dass François es wusste; aber Buck war zu gerissen, als dass er sich erneut auf frischer Tat hätte ertappen lassen. Er verrichtete im Geschirr getreulich seine Pflicht, denn die Arbeit war ihm längst zum Vergnügen geworden. Aber noch mehr Vergnügen bereitete es ihm, klammheimlich Rangeleien zwischen seinen Kameraden zu forcieren, bis die Zugriemen sich verhedderten.

An der Mündung des Tahkeena spürte Dub eines Abends nach dem Fressen einen Schneeschuhhasen auf, schnappte nach ihm, verfehlte ihn jedoch. Binnen einer Sekunde war das ganze Gespann im Jagdfieber. Etwa hundert Yards entfernt befand sich ein Lager der Nordwestpolizei mit fünfzig Hunden, allesamt Huskies, die sofort hinterdreinstürmten. Der Hase sauste den Fluss hinunter, bog dann ab in einen schmalen zugefrorenen Bach, an dessen Verlauf er sich hielt. Er sprang leichtfüßig über die Schneedecke, während die Hunde sich mit voller Kraft durch die weiße Masse pflügen mussten. Buck führte die Meute an, eine gut sechzigköpfige Verfolgerschar, nahm Biegung um Biegung, aber er holte einfach nicht auf. Ungeduldig jaulend gab er sein Letztes; Satz um Satz preschte sein prächtiger Körper im fahlen Mondlicht voran. Aber Satz um Satz preschte auch, wie ein bleicher Frostgeist, der Schneeschuhhase davon.

All jene uralten Instinkte, die sich dann und wann in den

Menschen regen, sie aus ihren lärmenden Städten hinaus-
drängen zu den Wäldern und Feldern, wo sie mit chemisch
angetriebenen Bleikugeln Leben vernichten, der Blutrausch,
die Freude am Töten – all das ergriff nun Buck, nur war es
ihm unendlich vertrauter. Er lief an der Spitze des Rudels
und wollte nur eines: das Wild zur Strecke bringen, das le-
bendige Fleisch, es mit den eigenen Zähnen töten und die
Schnauze bis zu den Augen in warmes Blut tauchen.

Es gibt eine Ekstase, die den Gipfel des Lebens darstellt,
über den das Leben nicht höher hinausgelangen kann. Und
es gehört zur Paradoxie unseres Daseins, dass diese Ekstase
eintritt, wenn man sich am lebendigsten fühlt, doch sobald
sie eintritt, vergisst man völlig, dass man lebendig ist. Diese
Ekstase, diese Lebensvergessenheit erfasst den Künstler wie
eine Feuerwand, die ihn umzingelt und aus sich herausreißt;
sie erfasst den Soldaten, der kriegstoll auf verwüstetem Feld
keine Gnade mehr kennt; und sie erfasste Buck, der die
Meute anführte, den uralten Wolfsschrei erschallen ließ und
der noch lebenden Beute nachsetzte, die hastig vor ihm
durchs Mondlicht floh. Er ließ die Tiefen seiner Natur ertö-
nen, auch jene Teile seiner Natur, die tiefer reichten als er
selbst, bis weit zurück in den Schoß der Zeit. Die unge-
dämmte Brandung des Lebens, die Flutwelle des Seins, die
jedem einzelnen Muskel, Gelenk und Sehnenstrang voll-
kommene Freude eingab, überwältigte ihn. All das war das
Gegenteil von Tod, es glühte, es kannte keine Hemmnis, es
verschaffte sich Ausdruck, indem es sich bewegte, indem es
jauchzend dahinflog unter den Sternen und hinweg über to-
te Materie, die sich nicht bewegte.

Spitz jedoch, der selbst in höchster Euphorie noch kühl
und berechnend blieb, trennte sich vom Rudel und rannte
quer über eine schmale Landzunge, um die der Bach einen
weiten Bogen schlug. Buck bemerkte dies nicht. Er folgte der
Biegung, und immer flitzte der Hase, jener Frostgeist, vor

ihm her. Da erblickte er plötzlich einen zweiten Frostgeist, einen größeren: Der sprang von einer überhängenden Uferböschung dem Hasen direkt in den Weg. Es war Spitz. Der Hase konnte nicht mehr wenden, und als ihm die weißen Zähne des Hundes mitten im Sprung das Genick brachen, kreischte er schrill, wie auch ein Mensch in höchster Not kreischen mag. Bei diesem Schrei, dem Schrei des Lebens, das jäh von seinem Gipfel in die Klauen des Todes hinabstürzt, brach die Meute hinter Buck in einen höllischen Triumphchor aus.

Buck schrie nicht. Ohne zu überlegen, fuhr er auf Spitz los; Schulter knallte gegen Schulter, so heftig, dass er Spitz' Kehle verfehlte. Sie überschlugen sich mehrfach im Pulverschnee. Spitz stand bald wieder, als wäre er nie zu Boden gegangen, sprang aus der Umklammerung und schlitzte Buck vom Blatt abwärts die Schulter auf. Zweimal schnappten seine Zähne zusammen wie die Stahlbügel einer Falle, während er zurücksetzte, um besseren Halt zu finden; die schmalen Lippen hoben sich verzerrt und entblößten das Gebiss.

Buck erkannte blitzschnell: der Augenblick war da. Jetzt ging es auf den Tod. Die beiden umkreisten sich knurrend, verfolgten wachsam die Bewegungen des anderen und lauerten auf ihre Chance. Buck erlebte die Szene wie etwas ganz und gar Vertrautes. Alles schien ihm von jeher bekannt – die weißen Wälder, die Erde, das Mondlicht und die Kampflust. Über dem Weiß und der Stille lastete gespenstische Ruhe. Nicht der leiseste Hauch blies – nichts rührte sich, kein Blatt bebte, nur der sichtbare Atem der Hunde stieg zäh und schwerfällig in die frostige Luft. Mit dem Schneeschuhhasen hatten sie kurzen Prozess gemacht, diese Hunde, die schlecht gezähmte Wölfe waren; sie formierten sich nun zu einer erwartungsvollen Runde. Auch sie blieben stumm; nur ihre Augen glühten, und ihr Atem stieg lang-

sam in Schwaden empor. Buck sah in alldem weder etwas
Neues noch etwas Fremdes, sondern ein Bild aus alter Zeit.
Es war, wie es wohl schon immer gewesen war; was sich da
tat, entsprach offenbar dem gewohnten Gang der Dinge.

Spitz war ein erfahrener Kämpfer. Auf seinem Weg von
Spitzbergen über die Arktis nach Amerika und quer durch
Kanada und die neufundländischen Barrens hatte er sich gegen Hunde aller Art behauptet und sie schließlich jedesmal
unter seine Herrschaft gebracht. Bittere Wut kannte er
wohl, nicht aber blinde Wut. Auch wenn er von der Leidenschaft zu zerreißen und zu vernichten gepackt war, vergaß
er nie, dass sein Gegner dies ebenso leidenschaftlich wollte.
Nie attackierte er, bevor er sich in der Lage fühlte, selbst einer Attacke standzuhalten; nie griff er an, bevor er einen
Angriff des anderen abgewehrt hatte.

Vergebens mühte sich Buck, dem großen weißen Hund
seine Zähne in den Hals zu graben. Wo immer seine Fänge
das weichere Fleisch treffen wollten, stießen sie auf die Fänge des anderen. Fänge krachten gegen Fänge, Lefzen platz-
ten auf und bluteten, doch konnte Buck die Deckung des
Feindes nicht durchbrechen. Mehr und mehr erhitzte er sich
und bedachte Spitz mit einem Wirbelwind von Attacken aus
allen Richtungen. Immer wieder zielte er auf die schneewei-
ße Kehle, wo das Leben dicht unter der Oberfläche pulsierte,
und jedesmal verpasste Spitz ihm ungestraft eine Schlitzwunde. Nun änderte Buck seine Taktik. Er stürmte wieder
los und täuschte dabei eine neuerliche Attacke auf Spitz'
Kehle vor, doch dann bog er plötzlich den Kopf weg und
drehte den Körper zur Seite; die eigene Schulter sollte die
von Spitz rammen und ihn durch diesen Stoß niederstre-
cken. Stattdessen erhielt Buck jedesmal, wenn Spitz leichtfüßig auf Distanz sprang, eine weitere Schlitzwunde in seine Schulter.

Spitz war noch immer unversehrt; Buck dagegen lief das

Blut in Strömen hinunter, und er keuchte schwer. Der Kampf wurde immer verzweifelter. Währenddessen wartete der Kreis von Wolfsähnlichen schweigend, welcher Hund wohl zu Boden ginge; dem würden sie dann den Rest geben. Bald hatte Buck kaum noch Atem; da begann Spitz anzugreifen und brachte Buck immer wieder ins Taumeln. Einmal verlor er tatsächlich das Gleichgewicht; schon fuhren alle sechzig Hunde im Kreis hoch; aber Buck fing sich wieder, fast mitten im Fallen, und der Kreis wich wieder zurück in Wartehaltung.

Buck besaß indes eine Eigenschaft, die zur Größe befähigt: Einfallsreichtum. Er kämpfte mit Instinkt, aber er konnte auch mit Verstand kämpfen. Er stürmte los, als wollte er wieder den alten Schultertrick anwenden, aber im letzten Moment schoss er flach über den Schnee und mit der Schnauze hinein. Seine Kiefer schlossen sich um Spitz' linkes Vorderbein. Das Knirschen brechender Knochen war zu hören, und der weiße Hund stand ihm nur noch auf drei Beinen gegenüber. Dreimal versuchte Buck vergebens, ihn umzustoßen; dann wiederholte er den neuen Trick und brach ihm auch das rechte Vorderbein. Trotz seiner Schmerzen und seiner Hilflosigkeit wehrte sich Spitz wie wahnsinnig dagegen, dass er hinstürzte. Er sah die schweigende Runde, sah glühende Augen, heraushängende Zungen und silbern aufsteigenden Atemdunst, sah, dass der Kreis sich um ihn schloss, wie er in der Vergangenheit ähnliche Kreise sich um geschlagene Widersacher hatte schließen sehen. Nur war diesmal er der Geschlagene.

Er konnte auf nichts mehr hoffen. Buck hatte kein Erbarmen. Gnade war etwas für freundlichere Zonen. Er brachte sich in Stellung zur letzten Attacke. Der Kreis wurde so eng und dicht, dass er den Atem der Huskies an seinen Flanken spürte. Er sah, wie sie hinter Spitz und beidseitig des Runds Position bezogen, schon halb zum Sprung geduckt und die

Augen auf ihn geheftet. Es trat eine Art Pause ein. Alle Tiere standen reglos, wie zu Stein erstarrt. Nur Spitz schien am Leben, er bebte und sträubte das Fell, taumelte vor und zurück und knurrte furchtbar bedrohlich, als wollte er den nahen Tod verscheuchen. Dann sprang Buck in den Ring und gleich wieder hinaus; aber während er drinnen war, hatten sich Schulter und Schulter endlich direkt berührt. Der dunkle Kreis schrumpfte zu einem Fleck auf dem mondlichtüberfluteten Schnee, als Spitz den Blicken entschwand. Buck stand daneben und schaute zu, der siegreiche Kämpfer, das überlegene urzeitliche Raubtier, das sein Todeswerk vollendet hatte und dies für gut befand.

## Kapitel 4

## Wer die Herrschaft errungen hat

»Und? Was 'ab isch gesagt? Isch gleisch gewusst: der Buck is zwei Teufel.«

Dies meinte François am nächsten Morgen, als er feststellte, dass Spitz fehlte und Buck mit Wunden übersät war. Er holte ihn ans Feuer und zeigte seinem Kumpan im Schein der Flammen die Verletzungen.

»Der Spitz 'at kämpft wie 'öllebraten«, befand Perrault beim Betrachten der klaffenden Risse und Schnitte.

»Und der Buck 'at kämpft wie 'öllebraten doppelte Portion«, gab François zur Antwort. »Und jetzt wird gehen flott. Nix mehr Spitz, nix mehr Schererei, ganz sischer.«

Während Perrault die Lagerausrüstung zusammenpackte und den Schlitten belud, begann der Hundelenker seine Tiere anzuschirren. Buck trottete an die Stelle, die bisher Spitz als Führer eingenommen hatte; doch François ignorierte ihn und spannte Sol Leks in die begehrte Position. Denn er fand, dass von den Verbliebenen am ehesten noch Sol Leks das Zeug zum Leithund hatte. Buck sprang wütend auf Sol Leks los, scheuchte ihn zurück und stellte sich an seinen Platz.

»Ha! Ha!« rief François und schlug sich amüsiert auf die Schenkel. »Guck mal diese Buck. Erst er make tot den Spitz, und jetzt er will 'abe dem sein Job.«

»Weg, du albern Wischt«, brüllte er ihn an, doch Buck rührte sich nicht vom Fleck.

François packte ihn am Genick, und obwohl Buck bedrohlich grollte, schleppte er ihn zur Seite und setzte Sol Leks wieder an die Spitze. Das war dem alten Hund gar nicht recht; er zeigte deutlich, dass er sich vor Buck fürchtete.

François blieb zwar hart, aber kaum hatte er sich abgewendet, drängte Buck wieder an die Stelle von Sol Leks, die dieser ihm äußerst bereitwillig überließ.

François wurde böse. »'immelkreuz, isch disch bringe zu Räson!« schrie er und griff einen schweren Knüppel.

Buck erinnerte sich an den Mann im roten Pullover und zog sich langsam zurück; Sol Leks wurde erneut nach vorn gestellt; Buck nahm es hin. Aber er ging nicht an seinen Platz, sondern lief unter bitterem und wütendem Knurren im Kreis, knapp außerhalb der Reichweite des Knüppels, und während er kreiste, behielt er den Knüppel genau im Auge, damit er, wenn François diesen etwa nach ihm werfen sollte, ausweichen konnte. Was Knüppel betraf und die Art, wie Menschen sie einsetzten, war Buck inzwischen sehr erfahren.

Der Schlittenlenker machte das Geschirr bereit. Als alle an ihrem Platz waren, rief er Buck, um auch ihn einzuspannen, und zwar in seine alte Position hinter Dave. Doch vergeblich: Buck wich zwei, drei Schritte zurück; François folgte ihm; er wich wieder zurück. Dies ging so ein paar Mal, dann warf François den Knüppel hin – in dem Glauben, Buck fürchte Prügel. Tatsächlich aber wagte Buck die offene Revolte. Es ging ihm nicht darum, einer Tracht Prügel zu entgehen – es ging ihm um die Führung. Die stand ihm zu. Er hatte sie sich verdient, und mit weniger würde er sich nicht zufriedengeben.

Perrault kam François zu Hilfe. Eine geschlagene Stunde hetzten sie Buck, einer von links, einer von rechts. Sie warfen Knüppel nach ihm. Er duckte sich. Sie verfluchten ihn und seine Vorfahren, Väter wie Mütter, seine Kinder und Kindeskinder bis ins letzte Glied, verfluchten jedes Haar an seinem Körper und jeden Tropfen Blut in seinen Adern; er beantwortete jeden Fluch mit einem knurrenden Laut und hielt sich außer Reichweite. Er machte keinerlei Anstalten fortzurennen, sondern lief wieder und wieder ums Lager und tat so unmissverständlich kund, dass er zurückkommen und brav seinen Dienst leisten würde, wenn man seinem Begehren nur stattgäbe.

François setzte sich und kratzte sich am Kopf. Perrault schaute auf seine Uhr und schimpfte. Die Zeit raste, und sie hätten schon seit einer Stunde unterwegs sein sollen. François kratzte sich erneut am Kopf. Dann schüttelte er ihn und grinste verlegen zum Kurier hinüber; der zuckte nur die Achseln – kann man nichts machen, sollte das heißen. François ging zu Sol Leks hinüber, stellte sich neben ihn und rief Buck. Der aber lachte, wie Hunde zu lachen pflegen, und hielt Distanz. François löste Sol Leks aus den Gurten und schirrte ihn an seinem früheren Platz fest. Jetzt stand das ganze Gespann in lückenloser Linie vor dem Schlitten, bereit zum Aufbruch. Es war nur noch ein Platz für Buck frei – die Spitze. Wieder rief François nach ihm, und wieder lachte Buck und kam nicht näher.

»Knüppel weg!« befahl Perrault.

François gehorchte, und sogleich trottete Buck herbei; mit einem triumphierenden Lachen nahm er seine neue Position ein, die nun ganz vorne lag. Er wurde angeschirrt, der Schlitten sauste los, die Männer zu Fuß hinterdrein, und ab ging es zum Trail auf dem Fluss.

Der Schlittenlenker hatte schon zuvor eine hohe Wertschätzung für Buck mit seinen ›zwei Teufeln‹ gehabt; doch kaum waren ein paar Stunden des jungen Tages vergangen, stellte er fest, dass er ihn sogar noch unterschätzt hatte. Buck übernahm im Nu sämtliche Aufgaben eines Leithundes. Wo Urteilskraft, rasches Denken und rasches Handeln gefordert waren, übertraf er sogar Spitz, was François erstaunte, denn er hatte noch nie einen Hund gesehen, der diesem ebenbürtig gewesen wäre.

Bucks herausragende Fähigkeit aber bestand darin, Regeln zu bestimmen und dafür zu sorgen, dass seine Kameraden sie auch befolgten. Dave und Sol Leks ließ der Wechsel in der Führung kalt. Wer da vorweg lief, war nicht ihre Sache. Ihre Sache war es, sich ins Zeug zu legen, und zwar tüchtig ins Zeug zu legen. Solange sie unbehelligt blieben, interessierte sie nicht, was ringsum geschah. Ihretwegen hätte sogar der gutmütige Billee führen dürfen, wenn er für Ordnung sorgte. Die anderen indes waren in den letzten Tagen von Spitz widerspenstig geworden, und so überraschte es sie mächtig, dass Buck sie nun wieder energisch auf Zack brachte.

Pike, der hinter Buck lief und nie eine Unze Körpergewicht mehr in den Brustgurt warf als unbedingt nötig, wurde bald und mehrfach durchgebeutelt wegen seiner Einsatzarmut; und der erste Tag war noch nicht zu Ende, da zog er kräftiger denn je zuvor in seinem Leben. Am ersten Abend im Lager erhielt auch Joe, der streitsüchtige Murrkopf, seinen Denkzettel – dies hatte Spitz nie fertiggebracht. Buck drückte ihn einfach mit seinem größeren Gewicht nieder und traktierte ihn mit den Zähnen, bis Joe zu schnappen aufhörte und um Gnade winselte.

Die allgemeine Stimmung im Gespann verbesserte sich augenblicklich. Es gewann den früheren Zusammenhalt zurück; jetzt zogen die Hunde wieder wie ein Hund. Bei den Rink Rapids stießen zwei einheimische Huskies hinzu, Teek und Koona; die Schnelligkeit, mit der Buck sie anlernte, verschlug François den Atem.

»'ab nok nie gesehn ein 'und wie diese Buck!« rief er. »Nein, niemalse, wirklisch! Is bestimmt wert tausen Dollaar, 'immelkreuz! Odäär? Was mein du, Perrault?«

Und Perrault nickte. Er hatte den Rekord bereits leicht übertroffen, und jeden Tag vergrößerte sich der Vorsprung. Der Trail war in ausgezeichnetem Zustand, der Boden festgetreten und hart; kein Neuschnee bereitete Probleme. Es war auch nicht gar zu kalt. Die Temperatur fiel auf minus fünfzig Grad Fahrenheit und blieb so bis zum Ziel. Einer der Männer fuhr jeweils auf dem Schlitten mit, während der andere nebenherlief. Die Hunde wurden ständig auf Trab gehalten; es gab nur wenige Pausen.

Der Thirty Mile River hatte nun eine vergleichsweise feste Eisdecke, und sie legten die Strecke, für die sie auf dem Herweg zehn Tage gebraucht hatten, an einem Tag zurück. Binnen einer einzigen Sechzig-Meilen-Etappe schafften sie es, vom Nordufer des Laberge-Sees zu den White Horse Rapids vorzustoßen. Dann ging es siebzig Meilen über größere Gewässer, den Marsh-, den Tagish- und den Bennett-See. Dabei sausten sie so schnell, dass derjenige, der gerade laufen musste, gezwungen war, sich am Ende eines Seils vom Schlitten hinterherziehen zu lassen. Am letzten Abend der zweiten Woche überwanden sie den White Pass, glitten den Küstenhang hinab und sahen unter sich die Lichter von Skagway und seinem Hafen.

Es war eine Rekordfahrt. Vierzehn Tage hatten sie im Schnitt vierzig Meilen täglich geschafft. Drei Tage lang warfen sich Perrault und François mächtig in die Brust und paradierten stolz die Hauptstraße von Skagway auf und ab; sie wurden mit Einladungen zu Trinkrunden überschüttet. Währenddessen stand das Gespann im Mittelpunkt nicht enden wollender Aufmerksamkeit einer ehrfurchtsvoll staunenden Menge von Hundetrainern und Schlittenführern. Dann aber kamen drei, vier Wildwestganoven daher und taten ihr Bestes, die Stadt ein wenig aufzumischen; man lohnte ihnen die Mühe, indem man sie durchlöcherte wie Pfefferstreuer, und das öffentliche Interesse wandte sich anderen Idolen zu. Als nächstes erhielten Perrault und François einen neuen Regierungsauftrag. François rief Buck zu sich, schloss ihn in die Arme und weinte. Und das war für ihn dann das Ende seiner Zeit mit François und

Perrault. Wie so viele andere Männer zuvor verschwanden nun auch diese beiden auf Nimmerwiedersehen aus Bucks Leben.

Ein schottisches Halbblut übernahm ihn und seine Kameraden, und zusammen mit einem Dutzend weiterer Gespannen machte er sich auf den mühseligen Weg zurück nach Dawson. Diesmal war es kein leichtes Laufen, keine Rekordfahrt, sondern schwere Strapaze jeden Tag mit einer schweren Last im Rücken. Es handelte sich nämlich um den Postzug, der Botschaften aus aller Welt zu den Männern trug, die im Schatten des Pols nach Gold suchten.

Buck gefiel die neue Arbeit nicht, aber er zeigte sich ihr einwandfrei gewachsen und empfand, ganz wie Dave und Sol Leks, Stolz darauf, dass er sie so gut leistete. Und er sorgte auch dafür, dass die andern, mochten sie ähnlichen Stolz fühlen oder nicht, ihren Teil beitrugen. Es war ein eintöniges Leben, das mit der Regelmäßigkeit einer Maschine ablief. Ein Tag glich dem anderen. Jeden Morgen um eine bestimmte Zeit gingen die Köche ans Werk, Feuer wurden entfacht, und man frühstückte. Dann brachen die einen das Lager ab, andere schirrten die Hunde an, und etwa eine Stunde, bevor jenes Dunkel hereinfiel, das die Frühdämmerung ankündigt, waren sie schon unterwegs. Abends wurde das Lager wieder aufgebaut. Die einen errichteten die Zelte, andere hackten Brennholz und schnitten Fichtenzweige für die Schlafstellen; wieder andere brachten Wasser oder Eis für die Köche. Außerdem fütterte man die Hunde. Dies war für Buck und seine Gefährten der Höhepunkt des Tages; fast ebenso gern aber gaben sie sich nach ihrer Fischmahlzeit mit den anderen Hunden der Muße hin, streiften ziellos durch die nähere Umgebung des Lagers; ihre Zahl betrug inzwischen über hundert. Zwar befanden sich grimmige Kämpfernaturen unter ihnen, aber kaum hatte Buck die drei grimmigsten im Duell besiegt, herrschte er unangefochten. Er brauchte nur das Fell zu sträuben und die Zähne zu blecken, schon gingen sie ihm aus dem Weg.

Das meiste Behagen bereitete ihm wohl die abendliche Rast im Camp. Dann kauerte er, die Hinterbeine untergeschlagen, die Vorderbeine ausgestreckt, den Kopf erhoben, nahe beim Feuer und blinzelte träumerisch in die Flammen. Manchmal wanderten seine Gedanken zurück zu Richter Millers großem Haus im sonnenverwöhnten Santa-Clara-Tal, zum zementierten Schwimmbecken, zu Ysabel, der haarlosen Mexikanischen Pinscherin, zu Toots, dem Japanischen Mops; aber viel häufiger noch erinnerte er sich an den Mann im roten Pullover, an den Tod Curlys, an den großen Kampf mit Spitz und an die guten Sachen, die er bereits gefressen hatte oder gern einmal fressen würde. Heimweh verspürte er nicht. Das Sonnenland lag in verschwommener Ferne; solche Erinnerungen hatten keine Macht über ihn. Viel mächtiger waren da schon die Erinnerungen an sein langes Erbe, die ihm nie zuvor gesehene Dinge vertraut erscheinen ließen; die Instinkte – nichts anderes als die zu Gewohnheiten verfestigten Erinnerungen an die Lebensweise seiner Vorfahren –, die irgendwann in deren späterer Geschichte und schließlich auch bei ihm selbst verkümmert waren, regten sich wieder und erwachten.

Manchmal, wenn er dort so kauerte und träumerisch in die Flammen blinzelte, meinte er, es seien die Flammen eines anderen Feuers, und bei diesem Feuer saß auch nicht der Koch vor ihm, das Halbblut, sondern ein anderer Mann. Dieser andere Mann hatte kürzere Beine und längere Arme, mit Muskeln, die eher strangförmig und knotig waren als gerundet und gewölbt. Die Hände reichten bis zur Mitte der Unterschenkel. Das Haar des Mannes war lang und verfilzt; von den Augen bis zum Haaransatz zog sich eine fliehende Stirn. Er stieß merkwürdige Laute aus und hatte offenbar große Angst vor der Dunkelheit, in die er unablässig starrte;

seine Hand umklammerte einen Stock mit einem schweren Stein am Ende. Er trug nichts außer einem zerrissenen, feuerversengten Fell, das ihm von den Schultern über den Rücken hing; am Körper aber hatte er dichtes Haar. An manchen Stellen, über Brust, Armen und Schenkeln, verfilzte es so stark, dass es geradezu einen dicken Pelz bildete. Der Mann stand nicht aufrecht, vielmehr beugte sich der Rumpf nach vorn, und die Beine knickten an den Knien ein. Diesem Körper eigneten eine besondere, beinahe katzenhafte Spannkraft oder Elastizität, dazu eine reaktionsschnelle Wachsamkeit, wie man sie bei jemandem antrifft, der in ständiger Furcht vor sichtbaren und unsichtbaren Gefahren lebt.

Manchmal hockte der behaarte Mann am Feuer und schlief, den Kopf zwischen den Beinen, die Ellbogen auf den Knien und die Hände überm Schädel verschränkt, als wollte er mit seinen haarigen Armen den Regen abhalten. Und jenseits des Feuers in der Dunkelheit ringsum erkannte Buck lauter glimmende Kohlen, jeweils zwei dicht nebeneinander, immer paarweise, und er wusste: das waren die Augen großer Raubtiere. Und er hörte, wie ihre Leiber durchs Unterholz brachen, und vernahm die Laute, die sie nachts ausstießen. Wenn Buck so am Ufer des Yukon träumte, während er träge ins Feuer blinzelte, ließen ihm die Geräusche und Bilder aus einer anderen Welt die Haare auf Rücken, Schultern und Nacken zu Berge stehen, und er winselte sacht und gepresst oder knurrte leise, bis der Koch, das Halbblut, ihm zurief: »He du, Buck, aufwachen!« Sofort verschwand die andere Welt, und die wirkliche rückte ihm wieder vor die Augen; dann erhob er sich, gähnte und streckte die Glieder, als hätte er geschlafen.

Es wurde eine kräftezehrende Fahrt mit den Postsendungen hinten auf dem Schlitten; die harte Arbeit zermürbte die Hunde mehr und mehr. Sie waren untergewichtig und auch sonst in schlechter Verfassung, als sie Dawson erreichten. Eigentlich hätten sie jetzt mindestens zehn Tage Rast gebraucht. Stattdessen fuhren sie schon zwei Tage später an der Polizeikaserne vorbei zum Yukon hinunter, beladen mit Briefen für den hohen Norden. Die Hunde waren müde, die Schlittenführer mürrisch, und zu allem Übel schneite es auch noch jeden Tag. Dies bedeutete: Die Bahn weichte auf, an den Kufen entstand stärkere Reibung, und den Hunden wurde das Ziehen beschwerlicher. Aber die Führer verhielten sich durchweg anständig zu den Tieren und taten für sie, was sie konnten.

Jeden Abend wurden als erstes die Hunde versorgt. Sie bekamen ihr Futter, bevor die Führer aßen, und keiner der Männer schlüpfte in seinen Schlafsack, ohne die Füße seiner Hunde untersucht zu haben. Trotzdem ließ ihre Kraft ständig nach. Seit Winterbeginn waren sie achtzehnhundert Meilen gelaufen und hatten über diese mühselige Strecke auch noch schwere Schlitten gezogen; achtzehnhundert Meilen – das geht auch den Zähesten an die Substanz. Buck immerhin schwächelte nicht, hielt seine Kameraden zur Arbeit an und wachte über die Disziplin, obwohl auch er sehr müde war. Billee jedoch heulte und winselte nachts regelmäßig im Schlaf; Joe zeigte sich verdrießlicher denn je, und Sol Leks durfte man sich überhaupt nicht mehr nähern, weder auf seiner blinden Seite noch auf der anderen.

Am schlimmsten jedoch litt Dave. Irgendetwas war mit ihm passiert. Er wurde immer grämlicher und gereizter; noch während man das Lager errichtete, grub er sich sein Nest und bestand darauf, dass sein Fahrer ihn dort fütterte. Einmal ausgeschirrt, legt er sich sofort hin und rührte sich nicht vom Fleck, bis er am nächsten Morgen wieder eingeschirrt wurde. Manchmal, wenn der Schlitten jäh zum Stehen kam und an den Riemen ruckte, oder wenn die Hunde beim Start besonders heftig ziehen mussten, schrie er vor

Schmerz auf. Der Schlittenführer untersuchte ihn, fand aber nichts. Nach und nach interessierten sich alle Schlittenführer für den Fall. Sie sprachen über Dave beim Essen und bei der letzten Pfeife vorm Schlafengehen, und eines Abends hielten sie eine Beratung ab. Man holte ihn aus seinem Nest zum Feuer; sie drückten und stocherten an ihm herum, und er schrie immer wieder auf. Gebrochen war nichts; und doch, irgendetwas stimmte nicht da drinnen, aber was genau, blieb unentdeckt.

Als man Cassiar Bar erreichte, war er so schwach, dass er mehrmals hintereinander in den Riemen strauchelte. Das schottische Halbblut ließ halten, nahm ihn heraus und setzte den nächstvorderen Hund, Sol Leks, an Daves Platz direkt vor dem Schlitten. Dave müsse sich erholen, dachte der Mann, daher sollte er frei hinter dem Schlitten herlaufen. Aber wie elend Dave auch sein mochte – aus dem Gespann herausgenommen zu werden, missbilligte er heftig; er knurrte und grollte, während man die Riemen löste, und wimmerte verzweifelt, als er Sol Leks die Position übernehmen sah, die er so lange innegehabt und getreulich ausgefüllt hatte. Im Strang auf der Strecke – das war sein ganzer Stolz, und obwohl sterbenskrank, ertrug er nicht, dass ein anderer Hund seine Arbeit verrichten sollte.

Der Schlitten fuhr los. Dave strampelte sich durch den lockeren Schnee neben der festen Piste; immer wieder schnappte er nach Sol Leks, rempelte ihn und versuchte, ihn in den weichen Schnee auf der anderen Seite zu stoßen, mühte sich, an den angestammten Platz im Gespann zu springen und zwischen Sol Leks und den Schlitten zu gelangen. Dabei winselte und jaulte er vor Kummer und Schmerz. Das Halbblut wollte ihn mit der Peitsche verscheuchen; doch die sengenden Hiebe hatten keinerlei Wirkung auf ihn; und noch härter zuzuschlagen mochte der Lenker nicht. Dave weigerte sich, auf der Piste hinter dem Schlitten herzulaufen, wo man leicht vorwärtskam; lieber strampelte er weiter durch den weichen Schnee daneben, wo das Laufen äußerst beschwerlich war, bis er schließlich ermattete. Er fiel hin und blieb liegen, wo er gefallen war, und heulte erbärmlich, während der lange Zug der Schlitten an ihm vorbeiglitt.

Mit allerletzter Kraft richtete er sich noch einmal auf und stolperte dem Zug hinterher, bis dieser erneut hielt. Er strampelte sich an den fremden Schlitten vorbei; endlich erreichte er seinen und stellte sich neben Sol Leks. Der Fahrer machte eine kurze Pause, um sich von seinem Hintermann Feuer für seine Pfeife geben zu lassen. Dann ging er wieder auf seinen Posten und trieb die Hunde an. Die starteten auch mit Schwung, doch gleich blieben sie wieder stehen und wandten erstaunt die Köpfe; sie hatten beim Ziehen fast keinen Widerstand gespürt, und das erschien ihnen nicht geheuer. Der Fahrer staunte ebenfalls; der Schlitten hatte sich nämlich kein Stück bewegt. Der Mann rief seine Kameraden, und gemeinsam beschaute man den Schaden. Dave hatte beide Zugriemen von Sol Leks durchgebissen und stand nun direkt vor dem Schlitten an seinem ursprünglichen Platz.

Er bettelte mit den Augen, dort bleiben zu dürfen. Der Fahrer war ratlos. Seine Kameraden berichteten ihm von ähnlichen Fällen. Ja, einem Hund konnte durchaus das Herz brechen, wenn man ihm die Arbeit wegnahm, die ihn schier umbrachte; immer wieder waren Hunde, denen man wegen Altersschwäche oder Verletzungen die Strapazen nicht mehr zutraute und die deshalb aus den Gespannen entfernt wurden, kurz danach gestorben. Also entschlossen sich die Männer zu einer Art Gnadenakt: Da es für Dave ohnehin keine Hoffnung mehr gab, sollte er wenigstens zufrieden und leichten Herzens in den Riemen sterben. Er wurde also wieder eingeschirrt, und voller Stolz legte er sich ins Zeug wie ehedem, obwohl er dann und wann unwillkürlich vor inwendigem Schmerz aufschrie. Mehrfach stürzte er und wurde vom Gespann mitgeschleift, und einmal geriet ein Hinterbein unter die Kufen, so dass er fortan auf diesem hinkte.

Doch er hielt durch bis ins Lager, wo ihm sein Schlittenführer einen Platz am Feuer zurechtmachte. Der nächste Morgen indes fand ihn zu schwach für den Weitermarsch. Als die Anschirrzeit kam, versuchte er zu seinem Führer hinzukriechen. Mit krampfhafter Mühe schaffte er es auf die Beine, taumelte und stürzte wieder. Dann rutschte er langsam vorwärts der Stelle entgegen, wo seine Kameraden gerade eingespannt wurden. Er schob seine Vorderbeine vor und schleppte den Körper ruckartig nach, schob erneut seine Vorderbeine vor und ließ erneut seinen Körper nachrucken und legte so tatsächlich ein paar Zoll zurück. Dann aber verließ ihn seine Kraft, hechelnd blieb er im Schnee liegen und starrte sehnsüchtig zu seinen Gefährten hinüber. Das war das letzte, was diese von ihm sahen. Sie durchquerten ein schmales Waldstück am Fluss. Aus den Augen hatten sie Dave nun verloren, aber sie hörten noch sein klagevolles Heulen.

Der Zug hielt an. Das schottische Halbblut ging langsam noch einmal zu dem Platz, wo man eben gelagert hatte. Die Männer verstummten. Ein Revolverschuss krachte. Der Mann kam zurückgerannt. Die Peitschen klatschten, die Glöckchen klingelten fröhlich, die Kufen glitten weiter auf der Strecke. Aber Buck wusste, wie jeder andere Hund auch, was da geschehen war hinter den Bäumen am Fluss.

Kapitel 5

## Die Strapazen von Strang und Strecke

Dreißig Tage nach ihrer Abfahrt aus Dawson erreichte der Salt-Water-Postdienst Skagway, mit Buck und seinen Kameraden an der Spitze. Sie befanden sich in einem erbärmlichen Zustand, ausgezehrt und ausgemergelt. Bucks hundertvierzig Pfund waren auf hundertfünfzehn geschrumpft. Die anderen Hunde, allesamt leichter als Buck, hatten relativ betrachtet sogar noch mehr an Gewicht verloren. Pike, der Simulant, der in seinem Betrügerleben so oft erfolgreich ein verletztes Bein vorgetäuscht hatte, hinkte nun tatsächlich. Auch Sol Leks hinkte, und Dub litt an einer Schulterzerrung.

Alle hatten grausam wunde Pfoten. Keine Spannkraft, keine Elastizität war mehr in ihnen. Ihre Füße stampften schwerfällig über die Strecke, dies erschütterte ihre Körper und verdoppelte den Aufwand an Energie für einen Tagesmarsch. Sonst fehlte ihnen nichts; sie waren einfach nur todmüde. Es handelte sich aber nicht um jene gewöhnliche Todmüdigkeit, die sich einstellt, wenn man sich kurz übermäßig verausgabt hat, und die durch ein paar Stunden Ruhe zu beheben ist, sondern um jene Todmüdigkeit, die sich einstellt, wenn die Kräfte langsam und anhaltend in monatelangen Strapazen verschlissen werden. Selbst die Fähigkeit zur Erholung fehlte inzwischen; nirgendwo mehr Kraftreserven, die sie hätten einsetzen können, alles verbraucht, bis zum letzten kleinsten Rest. Müde, todmüde jeder Muskel, jede Faser, jede Zelle, und das nicht ohne Grund. In knapp fünf Monaten hatten sie zweitausendfünfhundert Meilen zurückgelegt, die letzten achtzehnhundert mit nur fünf Ruhetagen. Als sie in Skagway ankamen, waren sie unüberseh-

bar am Ende ihrer Kraft. Sie konnten kaum die Zugriemen
straffhalten, und ging es bergab, schafften sie gerade noch,
dem nachrutschenden Schlitten auszuweichen.

»Stapft weiter, ihr arm wund Füß«, ermunterte sie der
Fahrer, als sie die Hauptstraße von Skagway hinabwankten.
»Sind gleich da; nur no'n bisken. Dann tun wer aber ausruhn, was? Ja, das will ich mein'. Aber mordsmäßik tun wer
dann ausruhn.«

Die Schlittenführer glaubten tatsächlich, ihnen stünde
jetzt ein längerer Zwischenaufenthalt bevor. Immerhin hatten sie zwölfhundert Meilen mit nur zwei Ruhetagen hinter
sich; da mochte es nicht nur vernünftig, sondern auch gerecht erscheinen, dass man ihnen eine kleine Frist zum Faulenzen gönnte. Doch gar zu viele Männer waren im Goldrausch in die Klondike-Region gezogen, und gar zu viele
Schätzchen, Ehefrauen und Verwandte saßen daheim, und
so türmten sich die Postberge schon zu alpinen Ausmaßen.
Zudem lag eine amtliche Order bezüglich des weiteren
Transports vor: die für die Piste untauglich gewordenen
Zugtiere seien durch leistungskräftige zu ersetzen; eine frische Lieferung aus der Hudson Bay warte bereits. Das hieß:
Die Fahrer mussten sich der untauglichen entledigen, und
da Dollars nun einmal mehr zählen als die Belange von
Hunden, bedeutete dies: sie mussten sie verkaufen.

Drei Tage vergingen, ohne dass etwas geschah. In dieser
Zeit merkten Buck und seine Kameraden erst so richtig, wie
matt und schwach sie waren. Am Morgen des vierten Tages
dann erschienen zwei Amerikaner und kauften das komplet-
te Gespann, Geschirr inklusive, für ein Butterbrot. Die beiden redeten einander mit ›Hal‹ und ›Charles‹ an. Charles
war eher hellhäutig, mittleren Alters und hatte schwache,
wässrige Augen und einen wild und verwegen hochgezwir-
belten Schnurrbart, der die schlaffe Hängelippe, die er verbarg, Lügen zu strafen suchte. Hal dagegen war ein junger

Bursche von neunzehn, zwanzig Jahren; er trug einen patro-
nenstrotzenden Gürtel, in dem ein großer Colt und ein Jagdmesser steckten. Unter den Merkmalen, die sein Erschei-
nungsbild prägten, stach dieser Gürtel am meisten hervor.
Er verriet seine Unreife – eine allumfassende, kaum glaubli-
che Unreife. Beide Männer waren sichtlich fehl am Platze,
und warum solche Gestalten meinen, auf Abenteuersuche
im Norden gehen zu müssen, dürfte Teil jener Geheimnisse
sein, die jegliches Verstehen übersteigen.

Buck hörte, wie um den Preis gefeilscht wurde, und sah,
wie schließlich Geld vom Regierungskurier zu einem der
Amerikaner wanderte. Er wusste, was dies bedeutete: das
schottische Halbblut und die übrigen Fahrer des Postzugs
würden ebenso aus seinem Leben verschwinden wie schon
Perrault und François und all die anderen davor. Als er mit
seinen Kameraden ins Lager der neuen Besitzer getrieben
wurde, entbot sich ihm ein Bild liederlicher und schlampiger
Wirtschaft: das Zelt halb eingesunken, das Geschirr schmutzig, alles in wüstem Durcheinander. Auch eine Frau erblickte er, von den Männern ›Mercedes‹ genannt. Sie war Charles'
Gattin und Hals Schwester – eine nette Familienidylle also.

Buck beobachtete die drei, die nun darangingen, das Zelt
abzubrechen und den Schlitten zu beladen. Wie sie das taten, besorgte ihn. Sie arbeiteten mit gewaltigem Kraftauf-
wand, aber ohne jede Methode. Das Zelt wurde zu einem
sperrigen Bündel zusammengerollt, dreimal größer, als es
hätte sein dürfen. Das Blechgeschirr wurde ungespült ein-
gepackt. Mercedes rannte aufgeregt hin und her, geriet den
Männern immer wieder in die Quere, fasste selber nicht mit
an, schnatterte aber dafür beständig irgendwelche Ermah-
nungen und Ratschläge. Als Gatte und Schwager einen Klei-
dersack vorn auf den Schlitten setzten, meinte sie, der solle
besser nach hinten; als die beiden ihn hinten verstaut und
bereits mehrere andere Bündel auf ihn gelegt hatten, fielen

ihr verspätet ein paar Sachen ein, die unbedingt in den jetzt zuunterst liegenden Sack hineingehörten; also wurde wieder abgeladen.

Inzwischen waren drei Männer aus dem Nachbarzelt herausgekommen und schauten zu, wobei sie einander zugrinsten und mit den Augen zwinkerten.

»Hübsche Ladung habt ihr da, Donnerschlag«, bemerkte einer von ihnen. »Ich will euch ja nich dreinreden, aber an eurer Stelle würd ich das Zelt nich mitschleppen. Lasst es lieber weg.«

»Unmöglich!« schrie Mercedes und hob in theatralischer Empörung die Hände. »Wie in aller Welt soll ich denn klarkommen ohne Zelt?«

»Wir ham Frühling, da wird's nich mehr richtig kalt«, erwiderte der Mann.

Sie schüttelte energisch den Kopf, und Charles und Hal packten den letzten Krimskrams auf den Riesenberg.

»Und ihr glaubt, der fährt so?« hakte einer der Männer nach.

»Klar, warum nicht?« fragte Charles leicht gereizt zurück.

»Ist ja gut, ist ja gut«, beeilte sich der Mann zu besänftigen. »War nur so'n Gedanke von mir. Hatte den Eindruck, es wär'n bissel topplastig.«

Charles kehrte ihm den Rücken und zog die Packschnüre fest; genauer gesagt: Er zog sie fest, so gut er konnte, und dies war entschieden zu wenig.

»Wer'n die Hunde bestimmt hervorragend marschieren mit dem Trumm da hinten drauf, und das über Tage, versteht sich«, meldete sich ein Zweiter zu Wort.

»Aber gewiss doch«, versetzte Hal mit eisiger Höflichkeit, griff mit der einen Hand die Steuerstange und schwang mit der anderen die Peitsche. »Los!« schrie er. »Los, marsch!«

Die Hunde sprangen gegen die Brustgurte, legten sich

ein paar Sekunden mit aller Macht ins Zeug, dann setzten sie aus. Sie waren nicht imstande, den Schlitten zu bewegen.

»Faule Biester, denen werd ich's zeigen!« schrie Hal und wollte mit der Peitsche zuschlagen.

Aber Mercedes ging dazwischen und rief: »Nee, Hal, mach das nich!«, umklammerte die Peitsche und entwand sie ihm. »Die armen Herzchen! Jetzt versprich mir, dass du auf der ganzen Fahrt nicht mehr grob zu denen bist, oder ich geh keinen Schritt weiter.«

»Verstehst ja bestimmt 'ne Menge von Hunden«, höhnte ihr Bruder. »Komm, lass mich zufrieden, ja? Faule Bande, die Viecher, gar keine Frage, man muss sie eben prügeln, wenn man was von ihnen will. So sind sie nun mal. Kannst du jeden fragen. Frag doch die Männer hier.«

Mercedes schaute flehentlich zu ihnen hin, unsäglichen Abscheu vor dem Anblick roher Gewalt in ihrem hübschen Gesicht.

»Tja, bei denen ist Matthäi am letzten, wenn Sie's wissen wollen«, gab einer der Männer zur Antwort. »Voll erledigt sind die, da liegt das Problem. Die brauchen 'ne Ruhepause.«

»Drauf geschissen, auf die Ruhepause!« stieß Hal zwischen seinen bartlosen Lippen hervor; der ordinäre Ausdruck schmerzte und bekümmerte seine Schwester sehr, und ihr entfuhr ein: »Oh!«

Aber sie war ein Wesen mit ausgeprägtem Sippenbewusstsein und eilte sofort ihrem Bruder zu Hilfe. »Hör gar nicht auf den«, riet sie in scharfem Ton. »Uns gehören die Hunde, und du führst sie, also machst du mit ihnen, was du für richtig hältst.«

Wieder sauste Hals Peitsche auf die Hunde nieder. Sie stemmten sich gegen die Brustgurte, gruben ihre Pfoten in den festen Schnee, duckten sich tief zu Boden und zerrten mit aller Macht. Der Schlitten blieb regungslos, als wäre er verankert. Auch die zweite Bemühung mussten sie keuchend einstellen. Wüst pfiff abermals die Peitsche, doch da intervenierte Mercedes erneut. Tränen in den Augen, sank sie vor Buck auf die Knie und legte ihm die Arme um den Hals.

»Ihr armen, armen Herzchen«, weinte sie mitleidig, »zieht doch einfach fester – dann gibt es auch keine Peitsche.« Buck mochte die Frau nicht, aber er fühlte sich zu elend, als dass er sich gegen ihre Liebkosungen hätte wehren können; er nahm sie als Teil des elenden Tagwerks hin.

Einer der Zuschauer, der die Zähne zusammengebissen hatte, um nur ja nicht ausfallend zu werden, ergriff nun das Wort: »Mich kratzt es ehrlich nich die Bohne, was aus euch wird. Aber die Hunde tun mir leid. Nur ihnen zuliebe sag ich euch: ihr könntet ihnen mächtig helfen, wenn ihr den Schlitten losbrechen würdet. Die Kufen sind nämlich festgefroren. Steckt die Steuerstange unter die, dann immer drauf mit vollem Gewicht, bis sie sich lösen.«

Ein dritter Versuch wurde unternommen, welcher gelang, weil Hal dem Rat des Fremden folgte und erst die im Schnee angefrorenen Kufen freibrach. Der überladene und schwerfällige Schlitten ruckelte mühsam vorwärts, und das auch nur, weil Buck und seine Kameraden unter dem Hagel der Schläge das Letzte gaben. Etwa hundert Yards weiter beschrieb der Weg eine Kurve und fiel dann steil zur Hauptstraße hinab. Es hätte eines erfahrenen Mannes bedurft, um unter diesen Bedingungen den topplastigen Schlitten aufrecht zu halten, und solch ein Mann war Hal eindeutig nicht. Kaum schwenkten sie in die Kurve ein, kippte der Schlitten um und schleuderte dabei, dank der losen Verschnürungen, seine halbe Ladung in die Gegend. Die Hunde blieben nicht eine Sekunde stehen. Der nun leichter gewordene und auf der Seite liegende Schlitten hüpfte polternd hinter ihnen her. Sie waren wütend, weil man sie so schlecht behandelt und ihnen obendrein eine überschwere Ladung zugemutet hatte. Buck raste vor Zorn. Er rannte wie von Sinnen, und das Gespann tat es ihm nach. Hal versuchte sie von vorn aufzuhalten, schrie »Stop! Stop!«, aber sie achteten nicht darauf. Er stolperte und wurde zu Boden gerissen. Der umgestürzte Schlitten rutschte über ihn hinweg. Die Hunde preschten weiter die Straße hinauf und trugen zur Erheiterung von Skagway bei, indem sie den Rest der Ausrüstung zu beiden Seiten der Hauptdurchfahrt verstreuten.

Ein paar gutherzige Bürger der Stadt hielten die Hunde auf und sammelten die verstreuten Habseligkeiten ein. Dann gaben sie den dreien einen Rat: Wenn sie Dawson, hieß es, je erreichen wollten, dann: halb so viel Ladung, doppelt so viel Hunde. Hal, seine Schwester und sein Schwager hörten unwillig zu, schlugen dann aber das Zelt auf und gingen ihre Ausrüstung durch. Dabei kamen etwa Konservendosen zum Vorschein, worüber die Umstehenden herzlich lachten: sich für eine lange Wegstrecke mit Konserven zu proviantieren – das werde wohl immer ein Traum bleiben. »Decken in solcher Menge – die reichen ja für ein Hotel«, rügte lachend ein weiterer Helfer. »Die Hälfte davon wäre immer noch zu viel; fort damit. Schmeißt auch gleich das Zelt weg und den ganzen Geschirrkram – wer soll den denn waschen? Gütiger Gott, glaubt ihr denn, ihr reist im Pullman?«

Und so nahm sie ihren Lauf, die unerbittliche Eliminierung des Überflüssigen. Mercedes weinte, als ihre Kleidersäcke in den Schnee plumpsten und man Stück für Stück sichtete. Sie weinte allgemein über die ganze Aktion und im besonderen über jedes Teil, das aussortiert wurde. Sie umklammerte ihre Knie mit den Händen und wiegte sich gebrochenen Herzens hin und her. Sie wolle sich keinen Zoll mehr weiterbewegen, beteuerte sie, weder für *einen* Charles noch für ein Dutzend. Sie wandte sich flehend an alle und alles; endlich trocknete sie ihre Tränen und machte sich daran, eigenhändig sogar ganz und gar unerlässliche Ausrüstungsgegenstände zu verwerfen. In ihrem Eifer rückte sie, nachdem sie mit ihren eigenen Sachen fertig war, den Habseligkeiten ihrer Männer zu Leibe und wütete darin wie ein Tornado.

Nach vollendeter Tat war die Ausrüstung zwar auf die Hälfte geschrumpft, bildete aber noch immer einen stattlichen Haufen. Charles und Hal gingen abends los und kauften noch sechs auswärtige Hunde. So wuchs das Gespann auf insgesamt vierzehn an: die ursprünglichen sechs plus die neuen sechs plus Teek und Koona, die beiden Huskies, die man auf der Rekordfahrt bei den Rink Rapids erworben hatte. Aber die Auswärtigen – drei kurzhaarige Pointer, ein Neufundländer und zwei Mischlinge unbekannter Abstammung – erwiesen sich, obwohl seit ihrer Landung angelernt, nicht eben als Bereicherung. Sie schienen rein gar nichts zu wissen, diese Neulinge. Buck und seine Kameraden blickten mit Verachtung auf sie herab. Er konnte ihnen zwar relativ rasch klarmachen, an welchen Platz sie gehörten und was sie nicht tun sollten, aber er konnte ihnen nicht beibringen, was sie tun sollten. Mit dem Dienst in den Strängen und auf der Strecke kamen sie einfach nicht zurecht. Die unvertraute Wildnis, in die sie sich versetzt sahen, und die schlechte Behandlung, die sie zuvor erhalten hatten, verwirrte sie und brach ihren Willen. Nur für die beiden Mischlinge galt dies nicht. Sie hatten keinen Willen; wenn bei ihnen etwas brach, dann bloß die Knochen.

Die Neulinge hoffnungslos unbeholfen, das alte Gespann zermürbt nach zweitausendfünfhundert Meilen Gewaltmarsch – nicht eben rosige Aussichten. Die beiden Männer jedoch waren bester Stimmung. Und stolz waren sie obendrein, hatten sie die Sache doch in großem Stil angelegt – mit vierzehn Hunden. Sie hatten schon viele Schlitten über den Pass nach Dawson fahren oder aus Dawson zurückkehren sehen, aber noch nie einen mit so vielen Hunden vorneweg – vierzehn! Dies freilich hatte einen guten Grund. Nie würde jemand, der die natürlichen Bedingungen einer Arktisreise kennt, vierzehn Hunde vor einen Schlitten spannen, und zwar deshalb, weil ein Schlitten keine Verpflegung für vierzehn Hunde transportieren kann. Aber das wussten Charles und Hal nicht. Sie hatten die Fahrt mit Papier und Bleistift geplant: soundso viel pro Hund, soundso viele Hunde, soundso viele Tage – Q. E. D. Mercedes schaute ihnen über die Schulter und nickte zustimmend. Es war ja alles so einfach.

Am späten Morgen des nächsten Tages führte Buck das lange Gespann die Straße hinauf aus der Stadt. Keine Vitalität steckte in diesem Lauf, kein Schwung, kein Schmiss in Buck und seinen Gefährten. Beim Aufbruch waren sie bereits todmüde gewesen. Viermal hatte Buck die Strecke zwischen Salt Water und Dawson schon bewältigt und wäre sie wohl ohne Murren ein weiteres Mal gegangen – aber dass er es in *diesem* Zustand tun sollte, so müde und ausgelaugt, erbitterte ihn. Er war mit dem Herzen nicht bei der Sache, und das galt für das ganze Gespann. Die Auswärtigen waren furchtsam und verstört, die Altgedienten hatten kein Vertrauen zu ihren Herren.

Buck hatte das unbestimmte Gefühl, dass auf die beiden Männer und die Frau kein Verlass war. Sie konnten nichts, und wie die nächsten Tage bewiesen, lernten sie auch nichts. Sie waren nachlässig in allen Dingen, ohne Ordnung und Disziplin. Sie brauchten die halbe Nacht, um ein schlampiges Lager zu errichten, und den halben Vormittag, um es wieder abzubrechen und den Schlitten zu beladen. Natürlich geschah dies so schlampig, dass sie den Rest des Tages damit verbringen mussten, die Fahrt zu unterbrechen und alles umzuschichten. An manchen Tagen schafften sie nicht einmal zehn Meilen. An anderen verzettelten sie sich so, dass es gar nicht zum Aufbruch kam. Und an keinem Tag bewältigten sie mehr als die Hälfte der Distanz, welche die Männer bei ihrer Berechnung des benötigten Hundefutters zugrunde gelegt hatten.

Es war unvermeidlich: irgendwann würde das Hundefutter ausgehen. Und die drei forcierten dies auch noch, indem sie den Tieren zu viel gaben, so dass der Tag immer näher rückte, an dem zu wenig da wäre. Die Neulinge, deren Verdauungsapparat noch nicht durch chronischen Nahrungsmangel erzogen war, das wenige optimal zu verwerten, zeigten einen unersättlichen Appetit. Als dann die abgezehrten Huskies nicht kraftvoll genug zogen, folgerte Hal daraus, dass die Regelration zu klein sei. Er verdoppelte sie. Und Mercedes machte alles noch schlimmer. Immer wieder versuchte sie, durch Tränen in ihren hübschen Augen und einem Zittern in der Stimme Hal größere Portionen für die Hunde abzuschmeicheln. Misslang dies, griff sie in die Fischsäcke und steckte ihnen heimlich etwas zu. Aber Buck und die Huskies brauchten nicht mehr Nahrung, sondern mehr Ruhe. Und wenn sie auch nur langsam vorwärtsgelangten: Die schwere Last, die sie zogen, zehrte stark an ihren Kräften.

Dann kam die Zeit der Unterernährung. Eines Tages wurde Hal durch die Tatsache wachgerüttelt, dass sein Hundefutter zur Hälfte verbraucht war; dabei hatte man doch erst ein Viertel des Weges geschafft. Und zusätzliches Futter ließ sich nirgends auftreiben, nicht für Geld und nicht für gute Worte. Also kürzte er den Tieren die Zuteilung, wobei er noch unter die Regelration ging, und versuchte sie zu höherer Tagesleistung anzuhalten. Schwester und Schwager unterstützten ihn; doch ihre schwere Ausrüstung und ihre persönliche Unfähigkeit machten das Vorhaben zunichte. Es war ein leichtes, den Hunden weniger Futter zu geben, aber es war unmöglich, ihr Lauftempo zu erhöhen. Und da ihnen nicht gelang, morgens früher aufzubrechen, blieb ihnen verwehrt, am Tage mehr zu schaffen. Sie hatten nicht nur keine Ahnung, wie man Hunde in den Griff bekommt; sie hatten ebenso wenig Ahnung, wie man sich selber in den Griff bekommt.

Als erster musste Dub dran glauben, Dub, der arme, ungeschickte Dieb, der sich fast jedesmal erwischen ließ und fast jedesmal bestraft wurde; aber immerhin, seine Arbeit hatte er stets getreulich geleistet. Seine gezerrte Schulter, die weder Behandlung noch Schonung erfuhr, wurde immer schlimmer, bis Hal ihn schließlich mit seinem schweren Colt erschoss. Die Leute in Alaska sagen, dass, wenn man einen auswärtigen Hund auf die Ration eines Huskys setzt, dieser in kurzer Frist verhungert; so gesehen, blieb den sechs fremden Hunden unter Buck, die jetzt ja nur noch eine halbe Husky-Ration erhielten, gar nichts anderes übrig, als bald zu sterben. Zuerst traf es den Neufundländer, dann die drei kurzhaarigen Pointer; die beiden Mischlinge, etwas zäher, klammerten sich noch eine Weile ans Leben; endlich gingen aber auch sie dahin.

Die liebenswürdigen Umgangsformen, welche die Leute aus dem Süden gewöhnlich pflegen, waren Charles, Hal und Mercedes inzwischen völlig abhandengekommen. Reisen durch die Arktis besaß für sie anfangs noch einen romantischen Zauber; der wich nun einer rauhen Wirklichkeit, in der sie nicht ihren Mann beziehungsweise ihre Frau stehen würden. Mercedes vergoss keine Tränen mehr wegen der Hunde; sie weinte lieber über sich selbst und stritt mit Ehemann und Bruder, da hatte sie genug zu tun. Zum Streiten waren sie nie zu müde. Ihre Gereiztheit entsprang ihrer Misere, vergrößerte sich mit dieser, wuchs schließlich gar über sie hinaus und ließ sie an Größe weit hinter sich. Die bewundernswerte Ausdauer, welche Menschen gewinnen, die auf dem Trail hart schuften, schlimme Entbehrungen leiden

und dennoch freundlich miteinander umgehen und reden –
diese Ausdauer besaßen die beiden Männer und die Frau in
keiner Weise. Sie hatten nicht einmal eine Ahnung davon,
sondern waren stocksteif und hatten Schmerzen – in ihren
Muskeln, in ihren Knochen, ja sogar in ihren Herzen; dies
machte ihre Rede gehässig, und ohne Unterlass gingen ihnen harsche Worte über die Lippen, vom frühen Morgen bis
zur späten Nacht.

Charles und Hal gerieten aneinander, wann immer Mercedes ihnen die Möglichkeit dazu gab. Jeder der beiden
pflegte den Glauben, mehr zu leisten, als er müsse, und verpasste auch keine Gelegenheit, diesen Glauben kundzutun.
Mercedes hielt bald zu ihrem Gatten, bald zu ihrem Bruder.
Daraus entspann sich stets ein wunderhübscher, nicht enden
wollender Familienkrach. Ausgehend von einem Disput wie
etwa: man braucht Brennholz; wer hackt es? (ein Problem,
das übrigens nur Charles und Hal betraf), landete man blitzschnell beim Rest der Familie und bezog Väter, Mütter, On-
kel, Kusinen in den Streit ein – alle Tausende von Meilen
entfernt, einige sogar schon tot. Dass Hals Kunstgeschmack
oder die Art von Gesellschaftsstücken, die der Bruder seiner
Mutter schrieb, irgendetwas mit der Frage zu tun hatte, wer
ein paar Scheite Brennholz hacken sollte, bleibt völlig unbegreiflich. Indes, die Debatte verirrte sich regelmäßig entwe-
der dorthin oder zu Charles' politischen Vorurteilen. Und
dass die Klatschsucht seiner Schwester für das Errichten einer Feuerstelle am Yukon von Bedeutung sei, leuchtete wohl
nur Mercedes ein, die ihrem Herzen Luft machte, indem sie
sich weitschweifig über dieses Sujet ausließ und, da sie
schon einmal dabei war, gleich auch darüber, was es sonst
noch für Eigentümlichkeiten in der Familie ihres Mannes
gab. Währenddessen blieben das Feuer unentfacht, das Lager
unfertig und die Hunde ungefüttert.

Mercedes hegte einen besonderen Groll – den typischen

Groll ihres Geschlechts. Sie war eine hübsche und zarte Person und gewohnt, dass man sie galant und zuvorkommend behandelte. Die Art aber, wie Gatte und Bruder jetzt mit ihr umsprangen, war alles andere als galant und zuvorkommend. Daher spielte sie gezielt die Hilflose. Die Männer protestierten. Da sie ihr verwehrten, was ihr als das ureigene Vorrecht ihres Geschlechts galt, machte sie ihnen das Leben unerträglich. Auf die Hunde nahm sie keine Rücksicht mehr; und da sie fußwund und müde war, wollte sie unbedingt auf dem Schlitten sitzen. Mochte sie auch hübsch und zart sein, sie wog doch ihre hundertzwanzig Pfund – und diese zusätzliche Last für die geschwächten, halbverhungerten Tiere brachte das Fass zum Überlaufen. Tagelang ließ sie sich so fahren, bis die Hunde im Geschirr zusammenbrachen und der Schlitten stillstand. Charles und Hal baten sie, abzusteigen und zu Fuß weiterzugehen, beschworen und beknieten sie; Mercedes aber weinte und behelligte den Himmel mit einem Klagelied über die Rohheit ihrer Begleiter.

Einmal zerrten sie die Frau mit Gewalt vom Schlitten. Sie wagten es nie wieder. Mercedes knickte wie ein störrisches Kind in den Knien ein und hockte sich auf den Boden. Die anderen fuhren weiter, allein sie rührte sich nicht vom Fleck. Drei Meilen später luden die beiden den Schlitten ab, kehrten zurück zu der Stelle, wo sie immer noch saß, und hievten sie mit Gewalt wieder auf den Schlitten.

Im Übermaß ihres eigenen Elends stumpften sie ab gegen das Leiden ihrer Tiere. Hals neue Maxime, man müsse jetzt härter werden, wandte er nur auf die anderen an. Erst hatte er sie seiner Schwester und seinem Schwager gepredigt. Da dies erfolglos blieb, prügelte er es den Hunden mit dem Knüppel ein. Bei den Stromschnellen der Five Fingers war das Hundefutter alle. Eine alte zahnlose Squaw bot ihnen ein paar Pfund gefrorene Pferdehaut im Tausch gegen

den Colt, der dem großen Jagdmesser im Gürtel um Hals
Hüfte Gesellschaft leistete. Vor einem halben Jahr hatten
Viehtreiber den hiesigen Indianern die abgezogenen Felle
ihrer verhungerten Pferde verkauft. Ein solches Fell war
ein jämmerlicher Nahrungsersatz. Im gefrorenen Zustand
glich es verzinktem Eisenblech. Wenn die Hunde ein Stück
davon hinuntergewürgt hatten, taute es in ihrem Inneren
auf; zurück blieben dünne, ledrige Streifen ohne Nährwert
und eine unverdauliche, den Magen reizende Masse kurzer
Härchen.

Durch diese Misere wankte Buck weiter an der Spitze des
Gespanns wie in einem Alptraum. Er zog, solange er konnte,
und wenn er nicht mehr konnte, brach er zusammen und
blieb liegen, bis ihn Knüppel- oder Peitschenhiebe wieder
auf die Beine hetzten. Aus seinem schönen Fell waren alle
Festigkeit und aller Glanz gewichen. Das Haar hing strähnig und schmutzig herab und verfilzte mit trockenem Blut,
wo Hals Knüppel ihn getroffen hatte. Seine Muskeln waren
zu knotigen Fasern geschrumpft, seine Fleischpolster verschwunden, so dass sich jede Rippe, ja überhaupt jeder Knochen deutlich unter der schlaffen Haut abzeichnete, die dort,
wo sich noch Leere befand, tiefe Falten schlug. Es mochte
einem das Herz brechen, aber Bucks Herz war nicht zu brechen. Das stand fest seit seiner Begegnung mit dem Mann
im roten Pullover.

Wie es um Buck stand, so stand es auch um seine Kameraden. Sie waren wandelnde Skelette, sieben an der Zahl,
wenn man ihn einrechnete. Ihr unsagbares Elend hatte sie
unempfindlich gemacht gegen die scharfen Peitschenhiebe
und die wuchtigen Knüppelschläge. Der Schmerz drang
höchstens dumpf und wie von fern zu ihnen durch; auch was
ihre Augen sahen und ihre Ohren hörten, erlebten sie
höchstens dumpf und wie von fern. Sie waren kaum noch
halb-, nein, kaum noch viertellebendig. Sie waren nicht

mehr als Knochensäcke, in denen dann und wann ein schwacher Lebensfunken erglomm. Wurde haltgemacht, fielen sie im Geschirr wie tot um, und der Funken verblasste und verdunkelte sich und erlosch fast. Wenn dann Knüppel oder Peitsche auf sie niedersausten, flackerte der Funken schwach auf, und die Sieben rappelten sich hoch und liefen taumelnd weiter.

Es kam der Tag, da Billee, der Gutmütige, hinstürzte und sich nicht wieder erheben konnte. Hal hatte seinen Revolver eingetauscht, also nahm er eine Axt und schlug dem noch eingeschirrt daliegenden Billee den Schädel ein. Dann schnitt er den Kadaver aus den Riemen und zerrte ihn auf die Seite. Buck sah es, und seine Kameraden sahen es auch, und sie wussten, dass sie bald genauso enden würden. Einen Tag später ging Koona dahin; jetzt waren sie bloß noch fünf: Joe, zu geschwächt für irgendwelche Bösartigkeiten; Pike, verkrüppelt und hinkend, nur mehr halbwegs klar im Kopf, jedenfalls nicht klar genug, um weiter zu simulieren; Sol Leks, immer noch dem Strang- und Streckendienst treu ergeben, der darunter litt, wie wenig Kraft ihm noch zum Ziehen blieb; Teek, der in diesem Winter noch nicht so weit gelaufen war und nun die meiste Prügel bekam, weil er als der Frischeste galt; und Buck, der das Gespann zwar noch führte, aber nicht mehr für Disziplin sorgte und sich auch nicht mehr bemühte, dafür zu sorgen; halbblind vor Schwäche konnte er die schemenhaft vor ihm auftauchende Spur nur halten, indem er sie mit seinen Pfoten vage ertastete.

Der Frühling war gekommen mit herrlichem Wetter, doch weder Hund noch Mensch nahmen Notiz davon. Jeden Tag ging die Sonne früher auf und später unter. Um drei graute der Morgen, und die Abenddämmerung zog sich hin bis neun. Den ganzen Tag über schien eine gleißende Sonne. Die gespenstische Winterstille wich dem gewaltigen Frühlingsrauschen der erwachenden Natur. Dieses Rauschen vol-

ler Lebensfreude erhob sich im ganzen Land. Es kam von
allem, was lebte und sich wieder bewegte, was während der
langen Monate des Frostes sich nicht bewegt, sondern wie in
Todesstarre verharrt hatte. In den Fichten stieg der Saft
hoch. Weiden und Espen trieben junge Knospen; Sträucher
und Ranken legten frische grüne Gewänder an. Nachts zirp-
ten die Grillen, und tagsüber zog unter viel Geraschel alles,
was kroch und krabbelte, der Sonne entgegen. Im Wald kol-
lerten Rebhühner und klopften Spechte. Eichhörnchen keckerten, Vögel sangen, und oben am Himmel kreischten die
Wildgänse, die von Süden heranbrausten und in kluger
Keilformation die Luft zerteilten.

Von jedem Hang herab erklang das Plätschern fließen-
den Wassers, die Musik unsichtbarer Quellen. Alles taute,
spannte sich und streckte sich. Der Yukon gab sein Letztes,
um das Eis zu sprengen, das ihn gebändigt hielt. Er fraß
daran von unten, die Sonne von oben. Luftlöcher entstan-
den, Risse klafften auf und weiteten sich, so dass die dünn
gewordenen Eisschichten darüber stückweise in den Strom
plumpsten. Und mitten in diesem Brechen, Bersten und Po-
chen des erwachenden Lebens, unter gleißender Sonne und
sanft säuselnden Lüften, taumelten, wie auf der Wanderschaft dem Tod entgegen, die beiden Männer, die Frau und
die Huskies voran.

Die Hunde stürzten immer wieder, Mercedes weinte auf
dem Schlitten, Hal stieß folgenlose Flüche aus, Charles' Augen waren wässrig vor Wehmut – so wankten sie in John
Thorntons Lager an der Mündung des White River hinein.
Sie hielten an; die Hunde sackten zusammen, als hätte sie
alle der Schlag getroffen. Mercedes trocknete ihre Tränen
und blickte John Thornton an. Charles setzte sich auf einen
Baumstamm, um auszuruhen. Er tat dies sehr langsam und
vorsichtig, weil seine Steifheit ihm zu schaffen machte. Hal
übernahm das Reden. John Thornton beseitigte gerade die

letzten Unebenheiten an einem Axtstiel, den er aus einem Stück Birkenholz gefertigt hatte. Er schnitzte weiter, während er zuhörte, einsilbig antwortete und auf Fragen hier und da knappe Ratschläge gab. Er kannte diese Typen und gab daher seinen Rat in der Gewissheit, dass sie ihn nicht befolgen würden.

»Oben haben sie uns gesagt, dass der Boden nicht hielte und wir mit der Fahrt noch warten sollten«, schlug Hal Thorntons Warnung in den Wind, sich ja nicht wieder auf das brüchige Eis zu wagen. »Sie haben uns auch gesagt, wir würden nie im Leben den White River erreichen. Und trotzdem sind wir hier«, triumphierte Hal nicht ohne Häme.

»Die hatten ganz recht, die da oben«, entgegnete Thornton. »Der Boden kann jeden Moment wegbrechen. Viel zu gefährlich. Sowas schaffen nur Idioten, mit ihrem typischen Idiotenglück. Ich sage euch ganz ehrlich, auf *dem* Eis würde ich meine Knochen nicht riskieren, nicht für alles Gold in Alaska.«

»Vermutlich, weil Sie kein Idiot sind«, versetzte Hal. »Wir jedenfalls fahren weiter nach Dawson.« Er entrollte seine Peitsche. »So, hoch mit dir, Buck! Komm! Auf geht's! Vorwärts!«

Thornton schnitzte weiter. Er wusste, es war müßig, sich zwischen einen Idioten und seine Idiotie zu stellen; außerdem ändern zwei, drei Idioten weniger nichts am Gesamtzustand der Welt.

Aber das Gespann reagierte nicht auf Hals Befehl. Es befand sich längst in jenem Stadium, da nur noch Schläge es in Bewegung zu setzen vermochten. Also schnellte die Peitsche vor, eines ums andere Mal, und überbrachte ihre erbarmungslose Botschaft. John Thornton presste die Lippen zusammen. Sol Leks kämpfte sich als erster hoch. Teek folgte. Dann kam Joe, der vor Schmerzen jaulte. Pike mühte sich unter Schmerzen; es gelang ihm nicht sofort. Zweimal fiel er um, kaum dass er sich halb aufgerichtet hatte; erst nach dem dritten Versuch stand er endlich. Buck hingegen unternahm keinerlei Versuche. Er blieb unbeweglich liegen, wo er gefallen war. Wieder und wieder traf ihn sengend die Peitsche, aber weder winselte er, noch wehrte er sich. Mehrmals machte Thornton Anstalten, etwas zu sagen, ließ es dann aber doch. Freilich wurden ihm die Augen feucht, und als das Peitschen kein Ende nahm, stand er auf und ging unentschlossen hin und her.

Es war das erste Mal, dass Buck sich weigerte; aber dies reichte, um Hal in Raserei zu bringen. Er vertauschte die Peitsche mit dem üblichen Knüppel. Nun prasselten noch heftigere Schläge auf ihn nieder, aber Buck verweigerte unverändert jede Bewegung. Wie seine Gefährten war er kaum in der Lage aufzustehen, aber anders als sie hatte er sich entschlossen, es nicht zu tun. Er hatte die vage Empfindung drohenden Ungemachs. Die hatte sich schon deutlich geregt, seit er am Ufer war, und hatte ihn seitdem nicht mehr verlassen. Er hatte ja den ganzen Tag die Dünne und Brüchigkeit des Eises unter seinen Pfoten gespürt; vermutlich deshalb ahnte er, dass eine Katastrophe unmittelbar bevorstand da draußen auf dem Eis, wohin sein Herr ihn treiben wollte. Er blieb stur liegen. Er hatte inzwischen so furchtbar gelitten und war so am Ende, dass ihn die Schläge nicht mehr sonderlich schmerzten. Sie gingen weiter auf ihn nieder; schließlich flackerte der Lebensfunken in ihm, wurde immer kleiner, wollte fast verlöschen. Er fühlte sich seltsam taub. Wie aus großer Entfernung war ihm zwar bewusst, dass er geschlagen wurde, aber es fehlte ihm jede Schmerzempfindung. Er spürte nichts mehr, hörte nur noch ganz schwach den Prall des Knüppels auf seinem Körper. Aber das hier war nicht mehr sein Körper; er schien sehr weit weg.

Dann plötzlich, ohne jede Vorwarnung und mit einem Schrei, unartikuliert wie der eines Tieres, stürzte sich John

Thornton auf den Mann, der den Knüppel schwang. Hal wurde rücklings zu Boden geschleudert, als hätte ihn ein fallender Baum getroffen. Mercedes kreischte. Charles betrachtete die Szene trübsinnig, wischte sich die wässrigen Augen, stand aber nicht auf – so steif war er.

John Thornton stellte sich schützend vor Buck. Er rang um Selbstbeherrschung, konnte vor Erbostheit kaum sprechen.

»Wenn Sie den Hund noch einmal schlagen, bringe ich Sie um«, sagte er endlich mit halb erstickter Stimme.

»Es ist mein Hund«, entgegnete Hal, der wieder zu sich gekommen war, und wischte sich das Blut vom Mund. »Aus dem Weg, sonst können Sie was erleben. Ich fahre nach Dawson.«

Thornton stand zwischen ihm und Buck und machte keinerlei Miene, aus dem Weg zu gehen. Hal zog sein langes Jagdmesser. Mercedes kreischte, weinte, dann lachte sie plötzlich – die typischen Symptome einer hysterischen Verwirrung. Thornton hieb Hal auf die Finger und schlug ihm so das Messer aus der Hand; es fiel zu Boden. Er landete den gleichen Hieb noch einmal, als Hal es aufheben wollte. Dann bückte Thornton sich, nahm es selber und durchtrennte mit zwei Schnitten Bucks Riemen.

Hals Kampfeslust war verraucht. Außerdem hatte er die Hände oder besser die Arme nicht frei, darin hing seine Schwester. Buck war dem Tod zu nahe, als dass er als Schlittenhund noch taugte. Wenige Minuten später zogen sie zum Fluss und wandten sich stromabwärts. Buck hörte sie losfahren und hob den Kopf, um ihnen nachzuschauen. Pike führte, Sol Leks hatte die Position vor dem Schlitten, dazwischen liefen Joe und Teek. Alle hinkten und schwankten. Mercedes hockte oben auf dem überladenen Schlitten. Hal steuerte, und Charles stolperte hinterdrein.

Während Buck sie beobachtete, kniete Thornton neben

ihm und tastete ihn mit rauhen, aber gütigen Händen nach
Knochenbrüchen ab. Er stellte aber nur zahlreiche Bluter-
güsse fest, dazu eine hochgradige Unterernährung. Der
Schlitten hatte sich inzwischen eine Viertelmeile entfernt.
Hund und Mann sahen ihn im Schneckentempo über das Eis
kriechen. Plötzlich versank das hintere Ende des Schlittens
wie in einem Graben, und die Steuerstange schnellte samt
Hal, der sich an sie klammerte, senkrecht in die Höhe. Mercedes' Schrei schrillte ihnen in die Ohren. Sie sahen, wie
Charles sich umdrehte und einen Schritt in die Gegenrich-
tung machte; er wollte wohl wegrennen. Aber im selben Augenblick gab eine größere Eisfläche nach, und Hunde und
Menschen verschwanden. Nur ein gähnendes Loch blieb
zurück. Der Boden des Trails war eingebrochen.

John Thornton und Buck blickten einander an.

»Du armer Teufel«, sagte John Thornton, und Buck leckte ihm die Hand.

Kapitel 6

## Aus Liebe zu einem Menschen

Als John Thornton letzten Dezember die Füße erfroren, blieb er hier, weil er sich erst auskurieren musste. Seine Kameraden ließen ihm alles Notwendige da und zogen weiter flussaufwärts, um ein für Dawson bestimmtes Floß aus Sägeholz zusammenzustellen. Zu dem Zeitpunkt, da John Thornton Buck rettete, hinkte er immer noch leicht, doch bei dem anhaltend warmen Wetter wurde er selbst das los. Auch Buck erlangte allmählich seine Kraft zurück, während er in den langen Frühlingstagen am Flussufer lag, dem strömenden Wasser nachschaute und müßig den Liedern der Vögel und all den anderen Tönen der Natur lauschte.

Wenn man dreitausend Meilen zurückgelegt hat, ist Ruhe hochwillkommen. Zugegeben, in der Zeit, da Bucks Wunden heilten, seine Muskeln sich erneut wölbten und Fleisch wieder seine Knochen zu bedecken begann, wurde er faul. Eigentlich aber faulenzten sie alle – Buck, John Thornton, Skeet und Nig –, während sie auf das Floß warteten, das sie nach Dawson bringen sollte. Skeet war eine kleine irische Setterhündin, die schon kurz nach Bucks Ankunft mit diesem Freundschaft geschlossen hatte; dem damals noch sterbensschwachen Buck fehlte die Kraft, ihre Avancen abzuwehren. Sie besaß jenen Pflegetrieb, den nicht wenige Hunde haben. Wie eine Katze ihre Jungen putzt, so wusch und reinigte sie seine Wunden mit ihrer Zunge. Regelmäßig jeden Morgen nach dem Frühstück erschien sie, ihre selbstgewählte Pflicht zu tun, bis er ihre Dienste genauso zu schätzen anfing wie die Thorntons. Nig – ebenfalls freundlich, wenn er es sich auch nicht ganz so deutlich anmerken ließ – war ein riesiger schwarzer Mischling, halb Blut-, halb

Hirschhund, mit lachenden Augen und grenzenloser Gutmütigkeit.

Zu Bucks Erstaunen zeigten diese beiden Hunde ihm gegenüber keine Eifersucht. Sie schienen genauso freundlich und großherzig wie John Thornton. Als Buck wieder einigermaßen bei Kräften war, verleiteten sie ihn zu allerlei albernen Spielereien, bei denen mitzumachen es sich auch Thornton nicht nehmen ließ. Zum ersten Mal empfand Buck Liebe, echte, leidenschaftliche Liebe. Die hatte er nie kennengelernt, selbst bei den Millers im sonnenverwöhnten Santa-Clara-Tal nicht. Die Söhne des Richters begleitete er auf ihren Jagd- und Wandertouren, das war eine Art Arbeitsbeziehung gewesen; gegenüber den Enkeln des Richters hatte er stolz den Beschützer gespielt; und mit dem Richter selbst hatte ihn eine erhabene, würdevolle Freundschaft verbunden. Aber Liebe, fieberhafte, brennende Liebe, die Anbetung, ja Wahnsinn einschloss – die hatte erst John Thornton in ihm zu erwecken vermocht.

Dieser Mann hatte ihm das Leben gerettet; das bedeutete schon viel; darüber hinaus aber war er ein idealer Herr. Andere Menschen sorgten für ihre Hunde, weil dies sich eben so gehörte oder weil sie die Tiere zur Arbeit brauchten. John sorgte für sie, als wären sie seine eigenen Kinder, weil er gar nicht anders konnte. Mehr noch: Er versäumte nie, ihnen einen freundlichen Gruß oder eine Aufmunterung zuzurufen; oft setzte er sich in ihren Kreis und führte längere Gespräche mit ihnen (»Quasselrunde« nannte er das), die ihm genauso viel Vergnügen bereiteten wie den Tieren. Gegenüber Buck gewöhnte er sich eine besondere Geste rauher Zärtlichkeit an: er packte ruppig dessen Kopf, legte darauf den seinen und schwenkte Buck hin und her, wobei er ihn mit harmlosen Schimpfwörtern bedachte, die Buck wie Kosenamen vorkamen. Er kannte nichts Schöneres als diese stramme Umarmung und den Klang der gemurmelten

Scheltreden, und wenn John ihn schüttelte, empfand er so ekstatisches Glück, dass er meinte, beim nächsten Ruck würde ihm glatt das Herz herausspringen. Ließ John ihn dann los, richtete er sich auf und blieb eine Weile still stehen, die Lefzen gehoben wie zum Lachen, vibrierende Laute in der Kehle, die nicht recht nach draußen fanden, und mit beredtem Blick, so dass John Thornton bewundernd ausrief: »Mein Gott – du kannst ja fast sprechen!«

Bucks Art, seine Liebe zu bekunden, glich dem Zufügen von Schmerzen. Oft nahm er Thorntons Hand zwischen die Kiefer und drückte so seine Zähne hinein, dass sich deren Spuren noch einige Zeit später abzeichneten. Und wie Buck Johns Verwünschungen richtig als Kosenamen verstand, so verstand der Mann die bloß angedeuteten Bisse als Zärtlichkeiten.

Meist jedoch äußerte sich Bucks Liebe in stummer Verehrung. Gewiss, er wurde wild vor Glück, wenn Thornton ihn berührte oder mit ihm sprach, aber er bettelte nicht darum. Skeet war da anders; sie pflegte die Schnauze unter Thorntons Hand zu schieben, und dann stupste und stupste sie, bis er sie streichelte; das gleiche Ziel verfolgte Nig, indem er heranstolzierte und seinen mächtigen Kopf auf Thorntons Knie legte. Buck dagegen reichte es, seinen Herrn aus der Distanz zu verehren. Stunde um Stunde lag er Thornton zu Füßen, schaute in gespannter Aufmerksamkeit zu seinem Gesicht empor, bestarrte es, studierte es, registrierte mit wachem Interesse jeden flüchtigen Ausdruck, jede Regung, jeden Wandel der Züge. Lag er zufällig weiter entfernt seitlich von oder hinter ihm, nahm er immerhin die Silhouette des Mannes wahr und verfolgte, wie sie sich bewegte. Das Band zwischen ihnen war so fest, dass John Thornton oft Bucks Blick im Rücken spürte; dann drehte er sich herum und erwiderte den Blick und legte sein ganzes Herz hinein, wie Buck sein ganzes Herz in seinen legte.

Noch lange Zeit nach seiner Rettung mochte Buck es nicht, wenn sein Herr ihm aus der Sicht geriet. Wenn Thornton das Zelt verließ, blieb er ihm auf den Fersen, bis er wieder zurückkehrte. Seit seiner Ankunft im Nordland hatten seine Herren stetig gewechselt; dies hatte in ihm die Angst erzeugt, es werde für ihn niemals einen Herrn auf Dauer geben. Er fürchtete, Thornton würde aus seinem Leben verschwinden wie vor ihm Perrault, François und das schottische Halbblut daraus verschwunden waren. Selbst durch seine Träume spukte diese Angst. Dann schüttelte er sich aus dem Schlaf und schlich durch die Kälte zum Eingang des Zeltes, in dem John lag; dort blieb er stehen und lauschte den Atemzügen seines Herrn.

Aber trotz der großen Liebe, die er für John Thornton empfand, in welcher sich der frühere Einfluss der sänftigenden Zivilisation bemerkbar zu machen schien, blieb der Drang zum Ursprünglichen, den das Nordland in ihm geweckt hatte, wirksam und lebendig. Die Treue und die Hingabe, die er bezeugte – geboren aus der Freude über ein Feuer und ein Obdach –, waren echt, doch die neu erworbene Unbändigkeit und Schläue bewahrte er dennoch. Er war ein Geschöpf der Wildnis, das aus der Wildnis kam, um an John Thorntons Feuer zu sitzen, und nicht mehr der Hund aus dem milden Süden, geprägt von Generationen zivilisierter Ahnen. Diesen einen Menschen liebte er, den konnte er nicht bestehlen; aber bei anderen Menschen, in anderen Lagern zögerte er keinen Moment, und seine Gerissenheit schützte ihn vor Entdeckung.

Sein Körper zeigte Spuren von den Zähnen zahlloser Hunde, auch sein Gesicht; und er kämpfte so ungestüm wie zuvor, nur gewiefter. Skeet und Nig waren zu gutmütig zum Streiten; außerdem gehörten sie ja John Thornton. Aber jeder fremde Hund, gleich welcher Rasse und egal wie tapfer, beugte sich rasch Bucks Überlegenheit, oder er musste mit

einem schrecklichen Gegner um sein Leben kämpfen. Und
Buck kannte keine Gnade. Er hatte das Gesetz von Knüppel
und Fangzahn verinnerlicht; er verpasste nie einen Vorteil
und verschonte nie einen Gegner, wenn er ihn einmal an den
Rand des Todes gebracht hatte. Auch Spitz und die Haupt-
kämpfer unter den Polizei- und Posthunden hatten ihn eine
wichtige Lektion gelehrt. Seither wusste er: es gab keinen
Mittelweg. Man unterwarf, oder man wurde unterworfen;
Erbarmen zu zeigen war Schwäche. Erbarmen hatte im ur-
tümlichen Leben keinen Platz. Man missverstand es als
Furcht, und solche Missverständnisse konnten das Ende be-
deuten. Töten oder getötet werden, fressen oder gefressen
werden, lautete das Gesetz; diesem Gebot aus den Tiefen der
Zeit gehorchte Buck.

Er war älter als die Tage, die er gesehen, älter als die
Atemzüge, die er getan hatte. Er verband die Vergangenheit
mit der Gegenwart; die Ewigkeit hinter ihm durchpulste
ihn, ein mächtiger Rhythmus, in dem er hin und her
schwang, ein Hin und Her wie bei Ebbe und Flut oder bei
den Jahreszeiten. Er saß an John Thorntons Feuer, ein Hund
mit breiter Brust, weißen Fangzähnen und langem Fell; doch
hinter ihm reihten sich die Schatten anderer Hunde, Hunde
verschiedenster Rassen, Halbwölfe und wilde Wölfe; sie
drängten und trieben ihn, schmeckten das Fleisch, das er
fraß; dürsteten nach dem Wasser, das er trank, hielten mit
ihm die Nasen in den Wind; horchten mit ihm und lehrten
ihn die Laute der wilden Waldtiere; diktierten seine Stim-
mungen; lenkten sein Handeln; legten sich mit ihm schlafen, wenn er sich schlafen legte; träumten mit ihm und weiter als er und wurden selbst zum Stoff seiner Träume.

So gebieterisch forderten diese Schatten ihn auf, zu ihnen zu kommen, dass mit jedem Tag die Menschen und ihre
Belange weiter von ihm fortglitten. Aus der Tiefe des Waldes klang ein Ruf; und so oft er ihn hörte, diesen rätselhaft

erregenden und lockenden Ruf, spürte er ein zwingendes
Verlangen, dem Feuer und der festgetretenen Erde drum-
herum den Rücken zu kehren und in den Wald einzutau-
chen, ohne dass er genau gewusst hätte, wohin und weshalb.
Es spielte für ihn auch keine Rolle, wohin und weshalb, so
gebieterisch klang der Ruf aus der Tiefe des Waldes. Doch
jedesmal, wenn er den weichen, unberührten Boden und das
grüne Dunkel erreichte, zerrte ihn die Liebe zu John Thornton wieder ans Feuer zurück.

Allein Thornton hielt ihn. Der Rest der Menschheit bedeutete ihm nichts. Vorüberreisende mochten ihn loben und
streicheln – es ließ ihn kalt, und wenn einer allzu aufdring-
lich wurde, erhob er sich und ging davon. Als Thorntons
Partner Hans und Pete auf dem langerwarteten Floß eintra-
fen, nahm Buck sie zuerst gar nicht zur Kenntnis, bis er
merkte, dass sie Thornton nahestanden; fortan duldete er sie
und nahm ihre Gunstbezeugungen passiv hin, als erwiese er
ihnen eine Gunst dadurch, dass er sie hinnahm. Hans und
Pete waren vom gleichen Schlag wie Thornton, hochge-
wachsen, naturverbunden, geradlinig und klarsichtig; noch
ehe sie das Floß in den großen Strudel vor der Sägemühle in
Dawson steuerten, hatten sie Buck und seine Eigenart begriffen und versuchten nicht mehr, mit ihm die gleiche Ver-
traulichkeit zu erreichen wie mit Skeet und Nig.

Bucks Liebe zu Thornton aber schien stetig weiterzu-
wachsen. Dieser durfte während ihrer Sommerfahrten sogar
Bucks Rücken bepacken; anderen hätte er das nie erlaubt.
Nichts war ihm zu viel, wenn Thornton es befahl. Eines Tages (sie hatten sich von den Erlösen für die Floßladung Gerätschaften zum Goldschürfen und Proviant besorgt, Dawson verlassen und sich ins Quellgebiet des Tanana begeben)
saßen Männer und Hunde auf einer Klippe, dreihundert Fuß
hoch und steil abfallend; der Boden unten zeigte nur nacktes
Felsgestein. John Thornton hockte dicht am Rand, Buck ne-

ben ihm. Eine törichte Idee ergriff Thornton, deren mögliche Folgen er nicht bedachte; er wollte den Gehorsam seines Hundes prüfen. Er kündigte Hans und Pete kurz an, welches Experiment er im Sinn hatte, dann deutete er mit dem Arm über den Abgrund und rief: »Spring, Buck!« Im nächsten Augenblick musste er Buck abfangen; beide gerieten an die äußerste Kante; Hans und Pete zerrten sie mühsam zurück in Sicherheit.

»Direkt unheimlich«, meinte Pete, als alles vorbei war und sie die Sprache wiedergefunden hatten.

Thornton schüttelte den Kopf. »Nein, großartig! Aber auch schrecklich, das schon. Ich geb zu, manchmal macht's mir Angst.«

»Stell dir mal vor, dich will einer angehn: in dem seiner Haut möcht ich nicht stecken – wenn der dabei ist«, bekannte Pete und deutete mit dem Kopf in Richtung Buck.

»O nee verdammich!« fiel Hans ein. »Müsst ich aber auch nich ham.«

Noch im selben Jahr sollte sich Petes Befürchtung bewahrheiten. Es war in Circle City. »Black« Burton, ein bösartiger und jähzorniger Geselle, suchte an der Bar Streit mit einem Greenhorn; Thornton, seinem gutmütigen Naturell getreu, wollte dazwischentreten. Buck lag, seiner Gewohnheit entsprechend, in einer Ecke, den Kopf auf den Pfoten, und verfolgte jede Bewegung seines Herrn. Burton verpasste Thornton ohne Vorwarnung eine Gerade. Der Geschlagene geriet ins Taumeln und stürzte nur deshalb nicht, weil er sich an die Stange klammern konnte, die um den Tresen lief.

Die Zuschauer hörten nun etwas, das weder ein Bellen war noch ein Heulen; am treffendsten ließe es sich bezeichnen als Brüllen. Und dann sahen sie Bucks Attacke: Er schnellte vom Boden hoch in die Luft direkt auf Burtons Kehle zu. Der Mann rettete sein Leben, indem er den Arm vorwarf, aber er wurde rückwärts niedergeschleudert, und

schon saß Buck auf ihm. Buck löste seine Zähne aus dem
Fleisch des Armes und fuhr wieder hin zur Kehle. Diesmal
gelang dem Mann die Abwehr nur teilweise, und die Kehle
wurde ihm aufgerissen. Jetzt mischten sich die anderen ein
und trieben Buck weg von Burton; aber noch während ein
Arzt die blutende Wunde untersuchte, strich er unruhig hin
und her, knurrte wütend, wollte immer wieder auf den Gegner los; nur eine Phalanx feindlicher Knüppel hielt ihn zurück. Eine spontan einberufene ›Schürfersitzung‹ entschied,
der Hund sei hinreichend provoziert worden, und man müsse keine Maßnahmen gegen ihn ergreifen. Seiner Reputa-
tion indes war der Vorfall förderlich; seit diesem Tag machte
sein Name die Runde in allen Lagern Alaskas.

Später, im Herbst des Jahres, rettete er John Thornton
noch einmal das Leben, freilich auf eine ganz andere Weise.
Die drei Partner hatten ein langes, schmales Stakboot durch
ein schlimmes Stromschnellengebiet im Forty Mile Creek
hinunterzuschaffen. Hans und Pete rannten am Ufer und
bremsten die Fahrt des Kahns mit einem dünnen Hanfseil;
dafür liefen sie von Baum zu Baum und legten jeweils das
Strickende um den Stamm. Thornton stand im Boot, steuerte es mit Hilfe einer Stange stromab und rief seinen Kameraden zu, was sie tun sollten. Auch Buck war am Ufer. Unruhig und besorgt blieb er stets auf gleicher Höhe mit dem
Boot und ließ seinen Herrn keine Sekunde aus den Augen.

Sie kamen an eine besonders schwierige Stelle, wo eine
Felsbank dicht unter der Wasseroberfläche lag; die Spitzen
ragten kaum aus dem Fluss heraus. Hans gab dem Seil mehr
Spiel, behielt das Ende aber in der Hand und rannte damit
ein Stück, um weiter unten den Kahn, den Thornton gerade
in die Strömung stakte, wieder zu bremsen, sobald er die
Klippen sicher passiert hatte. Dies gelang, und schon flitzte
er stromab, getragen von einem Schwall, so heftig wie ein
Mühlgerinne. Hans zurrte, und es gab einen jähen Ruck.

Das Boot kippte um und rammte sich kieloben in den Uferboden; Thornton wurde regelrecht hinausgeschleudert und abwärtsgetrieben, dorthin, wo die Stromschnellen am bedrohlichsten waren, ein Wildwasser, in dem kein Schwimmer überleben konnte.

Sofort war Buck hinterhergesprungen, und nach dreihundert Yards, inmitten eines tobenden Wasserwirbels, hatte er Thornton erreicht. Als er spürte, dass John ihn am Schwanz gepackt hatte, schwamm er unter Einsatz all seiner herrlichen Kraft Richtung Ufer. Doch hinaus ging es nur langsam; flussabwärts dagegen unglaublich schnell. Von unten dröhnte unheilvolles Brausen; dort wurde die wilde Strömung noch wilder, und Felsen, die wie Zähne eines riesigen Kamms hochragten, verwirbelten das Wasser und zerstoben es zu Gischt. Nun kam der letzte der steilen Abschüsse; der fürchterliche Sog, der hier herrschte, belehrte Thornton rasch, dass man nicht ans Ufer gelangen konnte. Heftig schrammte er erst über einen, dann einen anderen Felsen und prallte mit voller Wucht gegen einen dritten. Er gab den Hund frei, umklammerte die glitschige Felsspitze und schrie über das Gedröhn des schäumenden Wassers hinweg: »Los, Buck! Los!«

Buck konnte sich nicht mehr halten. Verzweifelt rang er gegen die Strömung, die ihn mitriss, versuchte sich zurückzukämpfen, aber vergeblich. Thornton wiederholte sein Kommando; Buck hörte es, reckte sich ein Stück aus dem Wasser, warf den Kopf hoch wie für einen letzten Blick, dann nahm er gehorsam Kurs aufs Ufer. Er schwamm mit unverminderter Kraft. Pete und Hans zogen ihn an Land – gerade noch rechtzeitig, denn hier begann die Strecke, wo Schwimmen unmöglich und die Katastrophe unausweichlich war.

Beide wussten, dass man sich in dieser reißenden Strömung nur wenige Minuten an einem glitschigen Felsen festzuklammern vermochte. So schnell sie konnten, rannten sie zu einer Stelle weit oberhalb von jener, wo Thornton hing. Sie legten die Leine, mit dem sie das Boot gebremst hatten, um Bucks Hals und Schultern, achteten darauf, dass sie ihn weder würgte noch beim Schwimmen behinderte, und setzten ihn ins Wasser. Er paddelte unerschrocken los, aber er stieß nicht zielgenau genug in den Fluss. Er erkannte seinen Fehler zu spät, nämlich als er schon ganz dicht bei Thornton war, kaum ein halbes Dutzend Schwimmzüge entfernt, und doch hilflos an ihm vorbeitrieb.

Hans bremste mit dem Seil wie zuvor, als sei Buck ein Boot. Mit einem Ruck straffte sich das Seil um ihn, so dass er im Schwall der Strömung unter die Oberfläche gerissen wurde, und unter der Oberfläche blieb er auch, bis sein Körper gegen das Ufer prallte und man ihn herauszog. Er war halb ertrunken; Hans und Pete warfen sich gleich auf ihn und pumpten das Wasser aus seinen Lungen heraus und Luft hinein. Er versuchte zu stehen, doch er taumelte und fiel wieder um. Thorntons Stimme drang schwach zu ihnen herüber; wenn sie auch die Worte nicht verstanden, so begriffen sie doch, dass er in höchster Not war. Die Stimme seines Herrn wirkte auf Buck wie ein elektrischer Schock. Er rappelte sich hoch und rannte den Männern vorweg zu jener Stelle am Ufer, von der aus er seinen ersten Rettungsversuch unternommen hatte.

Wieder wurde das Seil an ihm befestigt, und wieder setzte man ihn ins Wasser; und wieder paddelte er los, jetzt aber zielgenau in die Mitte des Flusses. Er hatte sich einmal verrechnet; ein zweites Mal würde er sich dessen nicht schuldig machen. Hans ließ die Leine durch seine Finger gleiten, sorgte aber dafür, dass sie nicht durchhing, während Pete darauf achtete, dass sie sich nicht verheddete. Buck schwamm in gerader Linie weiter, bis er sich unmittelbar oberhalb seines Herrn befand; dann wendete er und schoss wie ein Expresszug auf ihn zu. Thornton sah ihn kommen, und als Buck mit der vollen Wucht der Strömung wie ein Rammbock gegen ihn prallte, hob er die Arme und schlang sie um den zottigen Nacken seines Hundes. Hans legte das Seil um einen Baum; der Bremsruck riss Buck und Thornton unter Wasser. Vom Strick gewürgt, von den Fluten fast erstickt, wurden sie, bald der eine obenauf, bald der andere, über den zerklüfteten Boden gezerrt, stießen gegen Steine und Baumstümpfe, bis sie endlich an Land rollten.

Als Thornton das Bewusstsein wiedererlangte, lag er bäuchlings auf einem Treibholzstamm, und Hans und Pete rüttelten ihn kräftig hoch und nieder, damit er all das Wasser wieder von sich gab. Sein erster Blick galt Buck, über dessen schlaffem und scheinbar leblosem Körper Nig ein Geheul anstimmte, während Skeet ihm das feuchte Gesicht leckte, auch die geschlossenen Augen. Thornton hatte selbst unzählige Beulen und Blessuren, doch tastete er Buck sorgfältig ab, als dieser zu sich gekommen war, und entdeckte drei gebrochene Rippen.

»Damit wär's entschieden«, bestimmte er. »Wir lagern hier.« Und so geschah es; sie lagerten dort so lange, bis Bucks Rippen verheilt waren und er wieder mitreisen konnte.

Während des folgenden Winters vollbrachte Buck in Dawson eine weitere Großtat; sie war vielleicht nicht ganz so heroisch wie die letzte, doch ließ sie seinen Namen auf dem alaskischen Ehrenpfahl noch weiter nach oben rücken. Diese Großtat kam den drei Männern besonders finanziell sehr gelegen; denn nun konnten sie endlich die Ausrüstung kaufen, die sie für den langersehnten Marsch in den jungfräulichen Osten benötigten. In diese Region hatten sich noch keine Goldsucher vorgewagt. Den Anfang dazu machte ein Gespräch im Eldorado-Saloon. Verschiedene Männer rühmten überschwenglich die Qualitäten ihrer Lieblingshunde. Wegen seiner prächtigen Leistungen wurde Buck zum ständigen Bezugspunkt dieser Runde; immer wieder meinte jemand, sein Tier sei aber doch besser, und Thornton musste Buck energisch verteidigen. Das ging so eine halbe Stunde; schließlich behauptete einer der Männer, sein Hund könne einen Schlitten mit einer Ladung von fünfhundert Pfund in Gang bringen und ziehen; seiner schaffe sechshundert, prahlte ein zweiter; seiner siebenhundert sogar, trumpfte ein Dritter.

»Pah! Pah!« machte Thornton verächtlich. »Buck kann tausend Pfund von der Stelle bewegen.«

»Und bricht den Schlitten allein los? Und marschiert damit hundert Yards?« forschte Matthewson, ein Bonanzakönig, der Siebenhunderter-Prahlhans von vorhin.

»Bricht ihn allein los und marschiert damit hundert Yards«, bestätigte Thornton keck.

»Schön«, erwiderte Matthewson und fuhr dann absichtlich laut, langsam und deutlich fort, damit jeder im Saal es hörte und verstand: »Ich hab hier tausend Dollar, die sagen alle, er kann's *nich*. Da liegen se.« Sprach's und knallte einen Beutel Goldstaub, dick wie eine Mortadella, auf den Tresen.

Alles schwieg. Die Wette galt. Thornton musste seinem Bluff – sollte es denn ein Bluff gewesen sein – nun Taten folgen lassen. Er spürte, wie ihm ein Schwall warmen Blutes ins Gesicht stieg. Seine Zunge war ihm ausgeglitten. Er wusste nämlich nicht, ob Buck tausend Pfund in Gang bringen konnte. Eine halbe Tonne! Das ungeheure Gewicht erschreckte ihn. Zwar besaß er großes Vertrauen in die Kraft seines Hundes; schon oft hatte er spekuliert, ob Buck eine solche Last wohl zu bewegen vermöge, und stets war er zu dem Ergebnis gelangt: ja, das würde ihm gelingen. Aber nie hätte er daran gedacht, es in der Praxis auszuprobieren. Und vor der Notwendigkeit stand er jetzt, da ein Dutzend Männer stumm und erwartungsvoll die Augen auf ihn richteten. Übrigens hatte er keine tausend Dollar, Hans und Pete ebenso wenig.

»Draußen steht 'n Schlitten von mir mit 'ner Ladung Mehl drauf, zwanzig Säcke à fuffzig Pfund«, fügte Matthewson in brutaler Direktheit hinzu. »Daran soll's also nich liegen.«

Thornton gab keine Antwort. Er wusste nicht, was er sagen sollte. Er schaute flüchtig von einem zum anderen, mit der Geistesabwesenheit eines Menschen, dessen Denkapparat zum Stillstand gekommen ist und der nun nach etwas sucht, das ihn wieder ans Laufen bringt. Da fiel sein Blick auf ein bekanntes Gesicht: es gehörte Jim O'Brien, einem Kameraden aus alten Tagen und inzwischen Goldschürfer-König am Mastodon Creek. Der kam ihm wie gerufen; offenbar stachelte dessen Erscheinen Thornton zu etwas an, das ihm sonst nicht im Traum eingefallen wäre.

»Kannst du mir tausend leihen?« fragte er ihn, beinahe flüsternd.

»Klar«, erwiderte O'Brien und ließ einen prallen Beutel neben den Matthewsons plumpsen. »Obwohl ich nich viel Hoffnung hab, dass das Viech die Sache hinkriegt.«

Das Eldorado leerte sich, denn alle Gäste wollten dem Test zuschauen. Verwaist blieben die Tische zurück; die Spieler und Bankhalter, die an ihnen gesessen hatten, waren nun draußen, um sich ein Bild von den Chancen der beiden Wettgegner zu machen und die Gewinnquote festzulegen. Mehrere hundert Männer, dicke Pelze am Leib und Fäustlinge an den Händen, stellten sich in Reihen links und rechts des Gefährts auf. Matthewsons Schlitten, beladen mit tausend Pfund Mehl, stand schon ein paar Stunden vor dem Saloon, und bei der gewaltigen Kälte (sechzig Grad Fahrenheit unter Null) waren die Kufen im glatten Schnee festgefroren. Man setzte zwei zu eins, dass Buck den Schlitten nicht würde fortbewegen können. Eine Wortklauberei entstand darum, was unter »losbrechen« zu verstehen sei.

O'Brien meinte, Thornton dürfte durchaus vor dem Start die Kufen losschlagen und es dann Buck überlassen, den Schlitten aus dem Stillstand in Gang zu setzen. Matthewson dagegen beharrte darauf, dass »losbrechen« unbedingt einschließe, die Kufen aus der eisigen Umklammerung zu befreien. Die Mehrheit der Männer, die eben im Saloon Zeugen des Wettabschlusses geworden waren, favorisierten Matthewsons Deutung, wodurch die Quote auf drei zu eins gegen Buck stieg.

Niemand bot für ihn. Nicht einer traute ihm diesen Kraftakt zu. Thornton hatte sich, obwohl von heftigen Zweifeln geplagt, in diese Wette drängen lassen; und je länger er jetzt die konkreten Tatsachen ins Auge fasste und den Schlitten sowie das reguläre Gespann aus zehn Hunden, die vor ihm zusammengerollt im Schnee lagen, betrachtete, desto unlösbarer erschien ihm die Aufgabe. Matthewson geriet ins Triumphieren.

»Drei zu eins!« verkündete er. »Bei dem Stand leg ich noch mal tausend drauf. Was sagste nu?«

Thornton standen die Zweifel ins Gesicht geschrieben, aber sein Kampfgeist war erwacht – jener Kampfgeist, der sich über die Risiken erhebt, Unmöglichkeiten nicht gelten lässt und taub ist für alles außer für die Herausforderung. Er winkte Hans und Pete heran. Ihre Geldbeutel waren schmal; insgesamt konnten die drei nur zweihundert Dollar zusammenkratzen. Angesichts ihrer kärglichen Vermögensverhältnisse war diese Summe ihr ganzes Kapital; und doch setzten sie es ohne Zögern gegen Matthewsons sechshundert.

Die zehn Hunde wurden losgeschnallt, statt ihrer spannte man nun Buck in eigenem Geschirr vor den Schlitten. Die Aufregung ringsum hatte ihn angesteckt; er spürte, dass er heute irgendetwas Außergewöhnliches für John Thornton würde vollbringen müssen. Seine prächtige Erscheinung bewirkte allgemeines Raunen der Bewunderung. Er befand sich in bester Verfassung, keine Unze Fett zu viel am Leib, und die hundertfünfzig Pfund, die er wog, waren hundertfünfzig Pfund Schneid und Kraft. Sein rauhhaariges Fell glänzte wie Seide. Vom Nacken abwärts und quer über die Schultern stellte sich seine Mähne zunächst nur leicht auf, dann schien sie sich mit jeder Bewegung weiter emporzurichten, als vermittelte ein Überschuss an Energie jedem einzelnen Haar Lebendigkeit und Tatendrang. Die mächtige Brust und die schweren Vorderbeine standen in richtiger Proportion zum Körper insgesamt, unter dessen Haut sich Muskeln in straffen Wölbungen abzeichneten. Ein paar Männer befühlten diese Muskeln; die seien ja hart wie Eisen, meinten sie; prompt fiel die Quote auf zwei zu eins.

»Och Sir! Och Sir!« stotterte ein Angehöriger der jüngsten Dynastie, die ihren Reichtum in den Claims der Skookum Benches erworben hatte. »Ich biet Ihnen achthundert für ihn, Sir. Ohne den Test, Sir; achthundert für ihn, so, wie er dasteht.«

Thornton schüttelte den Kopf und stellte sich neben Buck.

»Weg da von ihm!« protestierte Matthewson. »Schön Abstand halten; lass ihn frei laufen!«

Die Menge wurde still; nur hier und da hörte man noch Spieler Zwei-zu-eins-Wetten anbieten. Sie mühten sich vergeblich. Buck war ein prächtiges Tier, das leugnete keiner. Aber die zwanzig Halbzentnersäcke türmten sich doch gar zu wuchtig vor ihren Augen – da mochte niemand am Geldbeutel nesteln.

Thornton kniete sich neben Buck. Er nahm dessen Kopf in beide Hände und presste seine Wange dagegen. Er schüttelte ihn nicht spielerisch wie gewöhnlich, murmelte keine zärtlichen Verwünschungen; nein, er flüsterte ihm ins Ohr: »Tu's, weil du mich liebst, Buck. Weil du mich liebst.« Das

flüsterte er. Buck winselte vor kaum gebändigtem Tatendrang.

Die Menge beobachtete sie neugierig. Die Sache wurde
langsam befremdlich. Es wirkte wie eine Beschwörung. Als
Thornton sich erhob, nahm Buck die in einem Fäustling ste-
ckende Hand seines Herrn zwischen die Kiefer, drückte seine
Zähne hinein, ehe er sie langsam und halb widerwillig frei-
gab. Dies war seine Antwort, nicht in Form von Worten,
sondern in Form von Liebe. Thornton machte einen großen
Schritt zurück.

»Also los, Buck!« rief er.

Buck straffte die Riemen und ließ sie dann wieder ein
paar Zoll durchhängen. So hatte er es gelernt.

»Rechts!« hallte Thorntons Stimme durch die gespannte
Stille.

Buck schwenkte nach rechts und machte dabei einen
Hechtsprung vorwärts, der die Riemen wieder strammzog
und seine hundertfünfzig Pfund mit einem jähen Ruck zum
Stehen brachte. Die Ladung zitterte, und unter den Kufen
tönte ein knirschendes Knacken.

»Links!« kommandierte Thornton.

Buck wiederholte das Manöver, diesmal zur anderen Seite. Das Knirschen ging über in ein Krachen, der Schlitten
drehte sich leicht, und die Kufen rutschten und schrammten
ein paar Zoll zur Seite. Der Schlitten war losgebrochen. Die
Männer hielten, ganz ohne sich dessen bewusst zu werden,
ihren Atem an.

»Jetzt los!«

Thorntons Befehl knallte wie ein Pistolenschuss. Erneut
straffte Buck die Riemen mit einem gewaltigen Satz nach
vorn. Alles in seinem Körper sammelte sich zu dieser unge-
heuren Anstrengung; die Muskeln unter dem seidigen Fell
zuckten, ja verknoteten sich wie eigenständige Lebewesen.
Die mächtige Brust fast am Boden, den Kopf gesenkt und

vorgestreckt, trommelte er mit den Füßen einen tollen Wirbel, und seine Klauen gruben zwei parallele Furchen in den festgestampften Schnee. Der Schlitten bebte und wankte, wollte sich schon fast vorwärtsbewegen. Buck rutschte mit einer Pfote aus; ein Mann stöhnte laut auf. Dann torkelte der Schlitten in einer rasche Folge ruckartiger Bewegungen, die nicht mehr völlig zum Erliegen kamen … ein halber Zoll … ein Zoll … zwei Zoll … Die Rucke ließen merklich nach; als der Schlitten an Fahrt gewann, federte Buck sie ab, bis das Gefährt gleichmäßig vorwärtsglitt.

Die Männer holten tief Luft, wobei sie immer noch nicht merkten, dass sie eine Weile vergessen hatten zu atmen. Thornton lief Buck hinterher und spornte ihn mit kurzen, aufmunternden Worten an. Man hatte die Distanz von hundert Yards vorher ausgemessen und am Ziel einen Stapel Brennholz deponiert. Als Buck sich diesem näherte, erhob sich ein Jubel, der lauter und lauter wurde und, als Buck den Stapel passierte und auf Thorntons Kommando stoppte, in ein dröhnendes Gebrüll überging. Alle gerieten komplett aus dem Häuschen, sogar Matthewson. Jeder schüttelte den Nächststehenden die Hände, egal, ob er die Betreffenden kannte oder nicht, und eine lebhafte Unterhaltung entspann sich, die sich bald steigerte zu einem undurchdringlichen Stimmengewirr.

Thornton aber sank neben Buck auf die Knie. Wange lag an Wange, und er schüttelte ihn hin und her. Wer herbeilief, konnte hören, wie er Buck verwünschte, und er verwünschte ihn ausgiebig, inbrünstig, leise und liebevoll.

»Och Sir! Och Sir!« stotterte der Skookum-Beech-König. »Ich geb Ihnen tausend für ihn, Sir – tausend – zwölfhundert, Sir!«

Thornton erhob sich. Seine Augen waren feucht. Tränen flossen ihm übers Gesicht, und er hielt sie nicht zurück. »Nein, Sir«, erwiderte er schließlich, »nein. Aber Sie kriegen was anderes von mir, Sir – einen Rat: schern Sie sich zum Teufel, Sir. Mehr kann ich nicht für Sie tun, Sir.«

Buck nahm Thorntons Hand zwischen die Kiefer. Thornton schüttelte ihn hin und her. Wie einer gemeinsamen Regung folgend, gingen die Zuschauer auf respektvolle Distanz; auch war keiner so taktlos, die beiden noch einmal zu stören.

## Kapitel 7

## Der Ruf ertönt

In fünf Minuten hatte Buck sechzehnhundert Dollar für John Thornton verdient. Der konnte nun nicht nur ein paar stattliche Schulden abbezahlen, sondern endlich auch mit seinen Partnern die ersehnte Reise in den Osten antreten. Ziel war eine sagenumwobene, verschollene Mine, deren Geschichte so weit zurückreichte wie die des Landes selbst. Viele Männer hatten sich ihretwegen aufgemacht, nur wenige hatten sie gefunden; und noch weniger waren von ihrer Suche wiedergekehrt. Sie war ein von Tragik durchdrungener, geheimnisumwitterter Ort. Niemand wusste, wer die Mine einst entdeckt hatte; dazu gab es keine Überlieferung. Sicher schien bloß, dass unweit der Stelle eine inzwischen uralte und verfallene Holzhütte errichtet worden war. Sterbende Abenteurer beschworen auf ihrem Totenbett, dort gewesen zu sein, und zum Beweis legten sie Nuggets vor, deren Gold von einer Reinheit war, wie man sie sonst im ganzen Nordland nicht kannte.

Doch kein Lebender hatte diese Schatzkammer je geplündert, und die Toten waren tot. Und so fuhren John Thornton, Pete und Hans mit Buck und einem halben Dutzend weiterer Hunde nach Osten, begaben sich auf einen Trail ins Ungewisse; vielleicht, meinten die drei, würde ihnen ja gelingen, was andere, ebenso fähige Männer und Hunde nicht geschafft hatten. Sie zogen mit dem Schlitten siebzig Meilen den Yukon hinauf, schwenkten links hinüber zum Stewart River, passierten den Mayo und den McQuesten und setzten ihren Weg fort bis in jene Gegend, wo der Stewart sich nur noch als schmales Flüsschen zwischen den Bergen schlängelt, deren steil aufragende Gipfel das Rückgrat des Kontinents bilden.

John Thornton erwartete nicht viel von Mensch und Natur. Die Wildnis hatte für ihn keinen Schrecken. Mit einer Handvoll Salz und einer Flinte konnte er hineintauchen
und sie durchstreifen, wo er wollte und solange er wollte. Er
nahm keine Vorräte mit, sondern erjagte sich nach Indianerart sein Essen unterwegs, wie es gerade kam; ihn trieb ja
keine Eile; wenn er nichts erlegte, zog er nach Indianerart
einfach weiter, in der Gewissheit, früher oder später Beute
zu finden. Auf dieser großen Reise gen Osten sollte also
Frischfleisch das Hauptmenü sein, der Schlitten trug fast
nur Munition und Gerät, und der Zeitplan war auf unbe-
grenzte Zukunft ausgestellt.

Für Buck war all dies ein unbändiges Vergnügen: das Jagen, das Fischen und das endlose Streifen durch fremdes Gebiet. Manchmal zogen sie wochenlang an einem Stück weiter, Tag um Tag; manchmal kampierten sie wochenlang irgendwo; während die Hunde faulenzten, schmolzen die
Männer Löcher in den gefrorenen Schlamm und wuschen
dann unzählige Pfannen voll Dreck und Geröll bei der Hitze
des Feuers. Bald hungerten sie, bald schwelgten sie hem-
mungslos, je nach Wildaufkommen und Jagdglück. Es wurde
Sommer; die Männer packten die Schlittenlast sich und den
Hunden auf den Rücken, überquerten im Floß blaue Berg-
seen, fällten in den umliegenden Wäldern mit der Schrotsä-
ge Bäume und bauten daraus schlanke Boote, in denen sie
unbekannte Flüsse hinauf- oder hinabfuhren.

Die Monate kamen und gingen; und hin und her wanderten sie auf verschlungenen Pfaden durch die unerforsch-
ten Weiten, wo keine Menschen waren und doch schon welche gewesen sein mussten, wenn die Geschichte von der
verschollenen Hütte stimmte. Sie überquerten Wasserschei-
den in Sommerblizzards, schauderten unter der Mitter-
nachtssonne auf kahlen Bergen zwischen Baumgrenze und
ewigem Schnee, stiegen hinab in sommerliche Täler, wo

Mücken und Fliegen sie umschwirrten, und pflückten im Schatten der Gletscher Erdbeeren und Blumen, die an Reife und Schönheit zu übertreffen sich kein Land des Südens rühmen durfte. An einem Herbsttag stießen sie in ein unheimliches Seengebiet vor. Dort hatten einmal Wildvögel gehaust, jetzt aber gab es hier kein Leben mehr, jedenfalls kein Anzeichen von Leben – nur noch Winde, die frostig wehten, Eis, das sich an geschützten Stellen bildete, und Wellen, die melancholisch gegen einsame Buchten klatschten.

Und wieder zogen sie zur Winterzeit auf den verwischten Spuren irgendwelcher Männer, die vor ihnen diesen Weg gegangen waren. Einmal entdeckten sie einen durch den Wald geschlagenen Pfad, einen uralten Pfad, und die verschollene Hütte schien greifbar nahe. Aber der Pfad begann nirgends und endete nirgends; und so blieb er ein Geheimnis, ungeklärt wie die Frage, wer ihn angelegt hatte und warum. Ein andermal stießen sie auf die Überreste einer verwitterten Jägerkate; inmitten der Fetzen verrotteter Decken fand John Thornton ein langläufiges Steinschlossgewehr. Eine Waffe der Hudson Bay Company, erkannte John gleich; die hatte während der ersten Erschließung des Nordwestens ihre Leute damit ausgerüstet. Damals hatte eine solche Flinte den Wert eines dichtgepackten Stapels Biberfelle, so hoch wie die Flinte selbst. Dies war freilich alles; kein Hinweis auf denjenigen, der einst die Kate errichtet und das Gewehr unter den Decken zurückgelassen hatte.

Und wieder wurde es Frühling. Am Ende ihrer Wanderschaft fanden sie zwar nicht die verschollene Hütte, aber eine Schotterstätte im seichten Gewässer eines breiten Tals, wo sich das Waschgold wie gelbe Butter auf dem Boden ihrer Pfannen ausbreitete. Sie suchten nicht weiter. Jeder Tag, an dem sie arbeiteten, brachte ihnen Gold in Staub und in Nuggets, mehrere tausend Dollars wert, und sie arbeiteten jeden Tag. Das Gold wurde in Elchlederbeutel zu je fünfzig Pfund abgefüllt und wie Brennholz an der aus Fichtenstämmen errichteten Hütte gestapelt. Wie Titanen schufteten sie, und die Tage huschten dahin wie Träume, während sie ihren Schatz anhäuften.

Die Hunde hatten nichts zu tun, außer dann und wann das von Thornton erlegte Beutefleisch herbeizuschleifen. Buck verbrachte viele Stunden gedankenverloren am Feuer. Die Vision des kurzbeinigen Behaarten erschien ihm jetzt, da es so wenig Arbeit gab, immer häufiger, und wenn er in die Flammen blinzelte, streifte Buck oft mit ihm durch jene andere Welt, an die er sich erinnerte.

Was diese andere Welt vor allem kennzeichnete, war, so schien es, Angst. Wenn er den Behaarten beobachtete, wie er beim Feuer schlief, den Kopf zwischen den Knien und die Hände darüber verschränkt, sah Buck, dass er unruhig schlief, immer wieder erwachte und hochschreckte; dann spähte er jedesmal furchtsam in die Dunkelheit und legte Holz nach. Wanderten sie am Strand eines Meeres entlang, wo der Behaarte Schalentiere sammelte und sofort aß, ließ er den Blick unentwegt schweifen, damit ihm auch ja keine verborgene Gefahr entging, die Beine stets in Bereitschaft, beim ersten Anzeichen einer Bedrohung loszurennen wie der Wind. Geräuschlos krochen sie durch den Wald, Buck dem Behaarten immer auf den Fersen; sie waren wachsam und angespannt, alle beide, ihre Ohren zuckten hin und her, ihre Nüstern bebten, denn der behaarte Mann konnte genauso gut hören und riechen wie Buck. Er sprang hoch in die Bäume und kam dort oben ebenso schnell vorwärts wie am Boden; er hangelte sich mit den Armen von Ast zu Ast, selbst über Abstände von bis zu ein Dutzend Fuß hinweg; fassen, loslassen, erneut zupacken – so bewegte er sich fort, ohne je abzustürzen oder auch nur fehlzugreifen. Er schien in den Bäumen nicht minder heimisch zu sein als auf der

Erde; manche Nacht, erinnerte sich Buck, hatte er unter einem Baum wachen müssen, weil sich der Behaarte oben in der Krone zur Ruhe gelegt hatte, wobei er sich im Schlaf an Zweigen festklammerte.

Und eng verwandt mit den visionären Bildern vom Behaarten gab es noch etwas, und das war der Ruf, der immer noch aus der Tiefe des Waldes zu ihm drang. Er erfüllte ihn mit großer Unrast und seltsamer Sehnsucht. Er weckte in ihm eine unbestimmte, süße Freude, und er spürte ein unbändiges Verlangen und wusste doch nicht, was er verlangte. Manchmal lief er dem Ruf in den Wald hinterher, verfolgte ihn, als wäre er ein greifbares Wesen, wobei er leise oder herausfordernd bellte, je nach seiner augenblicklichen Stimmung. Er steckte seine Nase in das kühle Moos oder in den schwarzen Boden, wo hohes Gras stand, und schnaubte entzückt über den satten Duft der Erde; oder er kauerte sich hinter pilzbedeckte Stämme umgestürzter Bäume wie in ein Versteck und verharrte dort stundenlang, Augen und Ohren weit offen für jede Bewegung und jedes Geräusch ringsum. Vielleicht hoffte er, auf diese Art den Ruf zu ertappen und zu stellen, der ihm unbegreiflich blieb. Aber so recht wusste er nicht, warum er dies alles tat. Irgendetwas gab es in ihm, das ihn dazu trieb, und er dachte nicht darüber nach.

Unwiderstehliche Eingebungen ergriffen ihn. Eben lag er noch im Camp und döste faul in der Hitze des Tages, da hob er plötzlich den Kopf, die Ohren stellten sich hoch und lauschten angestrengt, und er sprang auf und sauste davon, weiter und weiter, durch Waldschneisen und offenes Gelände voller dunkler Moosbüschel. Gern rannte er ausgetrocknete Wasserläufe hinunter und schlich anschließend leise, um die Vogelwelt des Waldes zu erkundschaften. Einen ganzen Tag konnte er im Unterholz verbringen und Rebhühner beobachten, wie sie mit den Flügeln trommelten und auf und ab stolzierten. Am liebsten jedoch lief er durch das dämmerige Zwielicht der Sommermitternächte; dann lauschte er dem gedämpften und schläfrigen Raunen des Waldes, las Zeichen und Töne, wie der Mensch ein Buch lesen mag, und suchte das geheimnisvolle Etwas, das ihn rief; es rief ihn, wenn er wachte, es rief ihn, wenn er schlief, und immer sagte es, er solle kommen.

Eines Nachts schreckte er aus dem Schlaf; er sprang auf; die Augen spähten, die Nüstern bebten und schnüffelten, sein Fell sträubte sich in wiederholten Wellen. Aus dem Wald kam der Ruf (oder ein Ton davon, denn der Ruf war vieltönig), so deutlich und bestimmt wie nie zuvor – ein langgezogenes Heulen wie von einem Husky, und doch völlig anders. Er erkannte es in alter Weise als einen vertrauten Klang. Er sprang durch das schlafende Lager und sauste in stiller Eile durch die Wälder. Als er sich dem Ruf näherte, drosselte er das Tempo, legte Vorsicht in jede Bewegung, bis er zu einer Lichtung kam; er sah sich um und erblickte ein Wesen, das hoch aufgerichtet dasaß, die Schnauze zum Himmel gereckt: ein langer, abgemagerter, grauer Wolf.

Buck hatte jedes Geräusch vermieden, doch der Wolf brach sein Geheul ab und versuchte, den Ankömmling zu wittern. Halb kriechend, den Körper dicht zusammengezogen, den Schwanz steil hochgerichtet, die Füße ungewohnt vorsichtig aufsetzend, schob sich Buck in die Lichtung. Alles, was er nun tat, signalisierte Kampfbereitschaft und Friedenswillen zugleich. Es kam zu jener trügerischen Waffenruhe, die einzutreten pflegt, wenn zwei fremde Raubtiere einander begegnen. Der Wolf aber flüchtete bei Bucks Anblick. Dieser folgte ihm mit wilden Sätzen, wollte ihn unbedingt einholen. Er hetzte ihn in eine Art Sackgasse, ein Bachbett, wo eine Barriere aus Bruchholz den Fluchtweg versperrte. Der Wolf wirbelte herum und drehte sich dabei auf den Hinterläufen, ganz wie Joe und wie alle in die Enge getriebene Huskies: Er knurrte, sträubte das Fell, fletschte die Zähne und ließ beständig und rasch die Kiefer zusammenschnappen.

Buck griff nicht an, sondern umkreiste ihn mit freundlichen Avancen und kam ihm dabei immer näher. Der Wolf jedoch blieb misstrauisch und ängstlich; kein Wunder, Buck war dreimal so schwer wie er, und er reichte ihm kaum bis zur Schulter. Als der Wolf eine Chance sah, schoss er davon, und die Jagd ging weiter. Wieder und wieder wurde er in die Enge getrieben, und das Spiel begann von neuem; doch war er wohl in schlechter Verfassung, sonst hätte Buck ihn nicht so leicht einholen können. Der Wolf rannte jedesmal, bis Bucks Kopf neben seiner Flanke erschien; dann wirbelte er herum und stellte sich – und sauste bei der nächsten Gelegenheit wieder davon.

Nach einer Weile aber wurde Bucks Hartnäckigkeit belohnt; denn als der Wolf erkannte, dass der andere ihm nichts Böses wollte, rieb er endlich doch seine Nase schnuppernd an Buck – eine Friedensgeste. Damit war die Freundschaft geschlossen, und sie spielten miteinander in jener scheuen, fast unbeholfenen Weise, durch die Raubtiere ihren Raubtiercharakter gelegentlich Lügen strafen. Dies ging eine Zeitlang so; dann rannte der Wolf in mäßiger Geschwindigkeit los: für Buck ein unmissverständliches Zeichen, dass er folgen sollte, und zwar zu einem bestimmten Ziel. Seite an Seite liefen sie durch das düstere Zwielicht, immer das Bett des kleinen Flusses aufwärts, hinein in die Schlucht, aus der er kam, und über den kahlen Höhenzug, wo er entsprang.

Von der anderen Hangseite der Wasserscheide herab gelangten sie in eine Ebene mit viel Wald und zahlreichen Flüssen und Bächen. Durch diesen weiten Landstrich liefen sie nun an einem Stück, Stunde um Stunde, während die Sonne höherstieg und der Tag wärmer wurde. Buck empfand unbändige Freude. Er wusste, dass er dem Ruf endlich antwortete, jetzt, da er neben seinem Waldbruder zu jenem Ort rannte, von dem her der Ruf kommen musste. Alte Erinnerungen überwältigten ihn, und er reagierte auf sie, wie er einst auf die wirklichen Begebenheiten reagierte, deren Schatten sie waren. Er hatte dies alles ja schon einmal getan, irgendwo in jener anderen, verschwommen erinnerten Welt, und nun tat er es wieder, da er frei durchs offene Land lief, unter den Füßen von Menschen unbetretene Erde, über sich den weiten Himmel.

An einem strömenden Bach hielten sie an, um zu trinken, und während sie anhielten, fiel Buck John Thornton ein. Er hockte sich hin. Der Wolf wollte weiter dorthin, woher ohne Zweifel der Ruf kam, rannte los, lief wieder zu Buck, stupste ihn schnuppernd mit der Nase und versuchte noch einiges mehr, ihn zu ermuntern. Aber Buck kehrte um und trat langsam den Rückweg an. Fast eine Stunde rannte sein wilder Bruder neben ihm her, wobei er leise winselte. Dann hockte er sich hin, reckte die Schnauze in die Höhe und heulte. Es war ein klagendes Heulen, und Buck hörte es noch eine Weile, während er sich geradewegs Richtung Lager aufmachte. Dann wurde das Heulen schwächer und schwächer, bis es sich in der Ferne verlor.

John Thornton aß gerade sein Abendbrot, als Buck ins Camp hereinsauste und in einer Attacke närrischer Zuneigung ihn ansprang, zu Boden riss, auf ihm herumtapste und ihm das Gesicht leckte – kurz, »voll den Hanswurst« spielte, wie John Thornton es nannte, während er Buck schüttelte und zärtlich verwünschte.

Zwei Tage und zwei Nächte verharrte Buck im Lager und ließ Thornton nicht aus den Augen. Er folgte ihm zu seiner Arbeit, beobachtete ihn beim Essen, stand daneben, wenn er nachts unter seine Decken schlüpfte, und ebenso, wenn er sich am Morgen daraus erhob. Nach zwei Tagen ertönte jedoch der Ruf aus dem Wald, und zwar gebieterischer als je zuvor. Die Unrast ergriff erneut von ihm Besitz; er musste beständig an seinen wilden Bruder denken und an das einladende Land jenseits der Wasserscheide und an den gemeinsamen Streifzug durch die großen Wälder. Er durchwanderte sie erneut, doch der wilde Bruder ließ sich nicht mehr blicken; da mochte er noch so lange Nachtwachen halten: das klagende Heulen erklang nicht wieder.

Immer häufiger schlief Buck draußen und blieb tagelang vom Lager fort; einmal überquerte er die Wasserscheide an der Quelle des Bachs und stieg hinab in das Land der Bäume und der Flüsse. Eine ganze Woche wanderte er dort umher, suchte vergeblich nach einer frischen Spur seines wilden Bruders, erlegte sein Fleisch, während er streifte, und er streifte mit weit ausholenden Schritten und lockerem Gang, eine Bewegungsart, die nie zu ermüden schien. Er fischte Lachse aus einem breiten Fluss, der sich irgendwo weiter unten ins Meer ergoss; an diesem Fluss tötete er einen großen Schwarzbären; auch der hatte gefischt, dann waren ihm Moskitos ins Auge geflogen und er tobte blind in hilfloser, schrecklicher Wut durch den Wald. Trotz dieser für Buck eher günstigen Umstände wurde es ein grausamer Kampf, der auch die letzten, noch schlummernden Reste seiner Wildheit freisetzte. Als er zwei Tage später wieder zu seiner Beute kam, fand er dort ein Dutzend Vielfraße, die sich um den toten Bären stritten; er trieb sie auseinander wie Spreu; die Flüchtenden mussten zwei der ihren zurücklassen, die nie wieder streiten würden.

Bucks Blutdurst wurde immer stärker. Er war ein Wesen, das tötete, das Jagd machte, von lebenden Wesen lebte, ohne fremde Hilfe, allein, kraft seiner eigenen Stärke und Tapferkeit, sich triumphal behauptete in einer feindlichen Umgebung, wo sich nur die Starken behaupteten. Deswegen ergriff ihn ein gewaltiger Stolz auf sich selbst, der seinen Körper mit ansteckte. Er zeigte sich in all seinen Bewegungen,

trat im Spiel jedes einzelnen Muskels zutage, sprach so
deutlich wie Worte aus seiner Haltung und ließ seinen
prächtigen Haarpelz noch prächtiger erscheinen, wenn dies
überhaupt möglich war. Hätte er nicht die paar braunen Flecken auf der Schnauze und über den Augen und den senkrechten weißen Streifen auf seiner Brust gehabt: man hätte
ihn für einen riesigen Wolf halten können, mächtiger als der
mächtigste seiner Art. Von seinem Vater, dem Bernhardiner,
hatte er Größe und Gewicht geerbt, aber seine Mutter, die
Schäferhündin, hatte dieser Größe und diesem Gewicht erst
Form gegeben. Er hatte schon die typische lange Wolfs-
schnauze, nur eben in größerem Maßstab; und mochte der
Schädel auch breiter sein als beim normalen Wolf, so konnte
man in ihm doch einen Wolfsschädel in massiger Ausfüh-
rung sehen.

Seine List war die List eines Wolfes und die List der
Wildnis, seine Intelligenz die Intelligenz eines Schäferhunds
und die Intelligenz eines Bernhardiners; und dann die eigenen Erfahrungen, erworben in der härtesten Schule, die sich
denken lässt: all dies zusammen machte ihn zu einem
furchterregenden Geschöpf, wie kaum ein zweites die Wildnis durchstreifte; ein Karnivore, ein Raubtier, das sich nur
von frischerlegtem Fleisch ernährte: als solches war er nun
voll entwickelt, stand in der Blüte, auf dem Zenit seines Lebens, übersprudelnd vor Energie und Virilität. Wenn Thornton ihm den Rücken streichelte, folgte seiner Hand ein Knis-
tern und Knacken, so viel magnetische Spannung staute sich
in jedem einzelnen Haar. Hirn und Körper, Nerven und Fasern – jegliches Teil war in sich feinstens justiert, aber auch
in vollkommener Harmonie auf die anderen Teile geeicht.
Bemerkte er Bilder, Töne oder Geschehnisse, die rasche Re-
aktion erforderten, reagierte er blitzgeschwind. So schnell
ein Husky attackieren und zwischen Verteidigung und Angriff hin und her wechseln konnte – Buck vermochte es

doppelt so schnell. Er sah eine Bewegung, hörte einen Laut –
und hatte schon reagiert, während andere Hunde noch dabei
waren, das Gesehene oder Gehörte zu orten und zu bewer-
ten. Wahrnehmen, entscheiden und reagieren fielen bei ihm
in eins. Das heißt, genau betrachtet geschahen wahrnehmen, entscheiden und reagieren natürlich doch nacheinan-
der; aber die Abstände dazwischen blieben so minimal, dass
es wirkte, als passierten die drei Vorgänge gleichzeitig. Seine Muskeln strotzten vor Vitalität, sie schnappten fast wie
Stahlfedern, wenn sie sich regten. Lebendigkeit durchströmte ihn, so herrlich, freudvoll und unbändig, dass es manchmal schien, sie würde ihn in schierer Ekstase auseinander-
sprengen und sich großzügig über die Welt ergießen.

»So'n Hund hat's noch nie gegeben«, befand John Thornton eines Tages, als Buck gerade aus dem Camp schritt und
die drei Männer ihm nachschauten.

»Als se den gegossen ham, da hat's die Form kaputtge-
haun«, bemerkte Pete.

»Au verdammich! Das glaub ich aber auch«, pflichtete
Hans bei.

Sie sahen Buck aus dem Lager marschieren, aber sie sahen nicht die furchtbare Verwandlung, die sich augenblicklich vollzog, wenn er in die heimlichen Tiefen des Waldes
trat. Jetzt marschierte er nicht mehr. Sofort wurde er ein
Wesen der Wildnis, schlich leise wie auf Katzenpfoten daher,
ein flüchtiger Schatten, der zwischen anderen Schatten erschien und wieder verschwand. Er wusste jede Deckung zu
nutzen, konnte auf dem Bauch kriechen wie eine Schlange
und wie eine Schlange hochschnellen und zuschlagen. Ohne
Schwierigkeit holte er ein Schneehuhn aus seinem Nest, erlegte ein Kaninchen, während es in seinem Bau schlief, und
packte kleine Backenhörnchen, die eine Sekunde zu spät die
Flucht auf den nächsten Baum antraten, noch in der Luft mit
den Zähnen. Fische in offenen Tümpeln waren nicht flink

genug, Biber, die gerade ihre Dämme flickten, nicht wachsam genug für ihn. Er tötete, um zu fressen, nicht aus Mord-
lust; aber er fraß eben am liebsten, was er selbst getötet hatte. Daher kennzeichnete eine Neigung zum scherzhaften
Lauern seine Taten. So bereitete es ihm diebisches Vergnügen, sich an Eichhörnchen heranzupirschen und sie, wenn er
sie dann fast hatte, im letzten Moment entkommen zu lassen und zu beobachten, wie sie voller Todesangst keckernd
in die Baumwipfel sprangen.

Im Herbst des Jahres erschienen immer mehr Elche, die
von den Höhen herabstiegen, um den Winter in den Tälern
zu verbringen, wo er weniger rauh war. Buck hatte schon ein
verirrtes halbwüchsiges Kalb gerissen; aber er wünschte sich
heftig einen größeren, beeindruckenderen Gegner. Den fand
er eines Tages oben auf der Wasserscheide nahe der Bach-
quelle. Ein Rudel von zwanzig Elchen hatte das Land der
Bäume und Flüsse verlassen und streifte nun hier herum;
ihr Anführer war ein mächtiger Bulle. Er ragte gut sechs
Fuß in die Höhe und befand sich in gereizter Stimmung;
einen beeindruckenderen Widersacher hätte sich nicht einmal Buck wünschen können. Der Elchbulle schüttelte sein
riesiges, verzweigtes, vierzehnendiges Schaufelgeweih hin
und her, das von Spitze zu Spitze sieben Fuß messen mochte.
In seinen Augen brannte ein böses bitteres Licht. Kaum ge-
wahrte er Buck, röhrte er wütend.

Aus der Seite des Bullen, knapp vor der Flanke, ragte das
gefiederte Ende eines Pfeils heraus; dies erklärte natürlich
seine Gereiztheit. Ein Jagdinstinkt aus der uralten Zeit
drängte Buck, den Bullen von seiner Herde zu isolieren. Gar
kein leichtes Unterfangen. Er tänzelte bellend vor dem Bullen herum, wobei er darauf achtete, nur ja nicht in Reichweite des Riesengeweihs zu gelangen, auch nicht in die der
furchtbaren plumpen Hufe, denn diese hätten mit einem
einzigen Stampfen sein Leben beenden können. Den gefähr-

lichen Fangzähnen den Rücken zu kehren und einfach weiterzugehen, durfte der Bulle nicht wagen; dies steigerte seinen Zorn zur Raserei. Also attackierte er Buck; der aber wich
jedesmal geschickt aus, wobei er den Gegner zusätzlich aus
der Reserve lockte, indem er simulierte, nicht fliehen zu
können; so bewegte sich der Elch immer weiter in Bucks
Richtung. Aber kaum hatte er ihn dergestalt von den Seinen
getrennt, griffen zwei oder drei der jüngeren Bullen Buck
an, was dem Leittier die Rückkehr zur Herde ermöglichte.

Die Wildnis kennt eine besondere Geduld – eine Geduld,
so zäh, ausdauernd und beharrlich wie das Leben selbst:
endlose Stunden wartet die Spinne unbeweglich in ihrem
Netz, bleibt die Schlange zusammengerollt, lauert der Pan-
ther in seinem Hinterhalt. Diese Geduld eignet vor allem
solchen Lebewesen, die ihr noch lebendes Fressen jagen; und
sie eignete Buck, als er sich an die Flanke der Herde heftete,
deren Weitermarsch behinderte, die jungen Bullen provo-
zierte, die Kühe beunruhigte, indem er ihre halbwüchsigen
Kälber erschreckte, und den verwundeten Leitbullen wahnsinnig machte vor hilfloser Wut. Dies ging so einen halben
Tag. Buck vervielfachte sich, attackierte von allen Seiten,
umgab die Herde mit einem Wirbelwind von Bedrohung,
schnitt das Opfer von seinen Artgenossen ab, kaum, dass es
sich ihnen wieder angeschlossen hatte, und erschöpfte die
Geduld der Gejagten, die weniger beständig ist als die der
Jäger.

Als der Tag zur Neige ging und die Sonne rasch ihrem
Ruhebett im Nordwesten entgegensank (die Dunkelheit war
zurückgekehrt, und die Herbstnacht dauerte sechs Stunden), ließ die Bereitschaft der jungen Bullen merklich nach,
ihrem geplagten Anführer beizustehen. Der nahende Winter drängte sie in die tiefer gelegenen Regionen, aber wie es
aussah, würden sie jene unermüdliche Kreatur, die sie auf-
hielt, nie abschütteln können. Es war keineswegs das Leben

der Herde insgesamt oder das der jungen Bullen gefährdet. Der Störenfried forderte nur das Leben *eines* Rudelgenossen, und das bedeutete ihnen weniger als ihr eigenes; also fanden sie sich letztlich bereit, den Preis zu zahlen.

Als die Dämmerung hereinbrach, stand der alte Bulle gesenkten Hauptes da und sah zu, wie die anderen Elche – die Kühe, die er gekannt, die Kälber, die er gezeugt, die Bullen, die er beherrscht hatte – im verblassenden Licht eilig weiterzogen. Er konnte ihnen nicht folgen, denn vor seiner Nase sprang der gnadenlose Fangzahnschrecken herum, der ihn nicht entkommen lassen mochte. Eine halbe Tonne und dreihundert Pfund wog er, der Bulle; hinter ihm lag ein langes Leben, in dem er stets ein Starker war, ein Leben voller Kampf und Streit, und nun, am Ende, sollte er den Tod empfangen von den Zähnen eines Wesens, das ihm gerade bis zu den großen, grobknochigen Knien reichte.

Von jetzt an ließ Buck seiner Beute keine Ruhe mehr, ließ er dem Elch keinen Augenblick der Rast, weder tags noch nachts, ließ ihn nicht fressen, ließ ihm nicht einmal Gelegenheit, an Blätter oder Schößlingen junger Birken und Weiden zu nagen. Er verwehrte dem verwundeten Bullen auch, dass er seinen brennenden Durst in den schmalen Rinnsalen stillte, die sie passierten. In seiner Verzweiflung ergriff der Gepeinigte mehrfach die Flucht und rannte weite Strecken. Buck machte sich dann gar nicht die Mühe, ihn zu stoppen, sondern folgte ihm gemächlich trabend, denn die Partie lief ganz in seinem Sinne. Wenn der Elch stehenblieb, legte Buck sich hin; aber er ging ihn heftig an, wenn er zu fressen oder zu trinken versuchte.

Der große Kopf senkte sich tiefer und tiefer unter dem schweren Horngeweih, und der schwerfällige Gang wurde matter und matter. Immer öfter blieb der Elch für längere Zeit stehen; die Nase berührte den Boden, die schlaffen Ohren baumelten trübsinnig herab. Diese Momente nutzte

Buck, um sich mit Wasser zu versorgen und zu rasten. Wenn er dann so dalag und mit heraushängender Zunge nach Luft hechelte, ließ er den großen Bullen nicht aus den Augen. In der näheren Umgebung, meinte Buck zu bemerken, vollzog sich gerade ein Wandel. Irgendetwas regte sich im Land, das spürte er. Nicht nur die Elche waren hereingekommen, sondern auch Lebewesen anderer Art. In Wald, Wasser und Luft schien ihre Gegenwart zu pulsieren. Diese neuen Wahrnehmungen übertrugen sich Buck weder durch Anblick, Ton oder Geruch; er erfasste sie mit einem anderen, feineren Gespür. Er hörte nichts, sah nichts und wusste doch: das Land war irgendwie verändert; seltsame Geschöpfe wanderten und streiften darin herum; er würde, beschloss er, dem nachgehen, sobald er die unmittelbar anstehende Aufgabe erledigt hatte.

Schließlich, am Ende des vierten Tages, riss er den großen Elch nieder. Einen Tag und eine Nacht verbrachte er bei seiner getöteten Beute, bald fressend, bald schlafend, immer im Wechsel. Dergestalt erholt und neu gekräftigt, machte er sich auf den Weg zurück zum Lager und zu John Thornton. Er fiel wieder in den leichten Trab mit den weit ausholenden Schritten und lief so Stunde um Stunde. Ohne sich von verschlungenen Pfaden beirren zu lassen, fand er durch das fremde Land den direkten Weg heim und bewies so einen Orientierungssinn, der den Menschen samt seiner Kompassnadel beschämte.

Während er weiterlief, wurde ihm die neue Regung im Land immer deutlicher bewusst. Da bewegte sich überall etwas Lebendiges, das vorher nicht da gewesen war, zumindest während des ganzen Sommers nicht. Und dies teilte sich ihm jetzt nicht mehr nur auf unterschwellige, mysteriöse Art mit. Die Vögel zwitscherten davon, die Eichhörnchen keckerten davon, ja, sogar der Wind flüsterte davon. Mehrmals blieb er stehen, sog tief die frische Morgenluft ein –

und in der las er eine Botschaft, die seine Sprünge beschleunigte. Ihn überkam die bedrückende Ahnung, dass gerade ein Unheil geschah, wenn es nicht sogar schon geschehen war. Er überquerte die letzte Wasserscheide, die ihn noch von dem Tal trennte, wo sich das Lager befand, zu dem er jetzt hinabstieg. Je näher er ihm kam, desto behutsamer bewegte er sich.

Drei Meilen vor dem Ziel stieß er auf eine frische Fährte. Sein Nackenhaar kräuselte und sträubte sich. Sie führte geradewegs zum Camp und zu John Thornton. Buck hastete weiter, rasch, aber umsichtig, jeder Nerv angespannt; so registrierte er unzählige Einzelheiten, die zusammen eine Geschichte erzählten – bis auf den Schluss. Seine Nase verriet ihm Verschiedenes über die Wanderung der Lebewesen, an deren Fersen er sich nun heftete. Er bemerkte die unheilvolle Stille des Waldes. Die Vogelwelt war fortgeflattert. Die Eichhörnchen hielten sich versteckt. Er sah jedenfalls nur ein einziges – ein geschmeidiges graues Kerlchen, das sich flach gegen einen morschen Ast presste, so dass es ein Teil von ihm zu sein schien wie ein hölzerner Auswuchs.

Buck glitt mit der Unmerklichkeit eines huschenden Schattens weiter, da riss ihm plötzlich ein Reiz die Nase zur Seite, als hätte tatsächlich jemand sie gepackt und gedreht. Er folgte der neuen Witterung in ein Dickicht und fand Nig. Der Mischling lag tot auf der Seite, wo er sich hingeschleppt hatte; er war von einem Pfeil durchbohrt; Spitze und gefiedertes Ende ragten zu beiden Seiten seines Rumpfes hervor.

Hundert Yards weiter lag einer der Schlittenhunde, die Thornton in Dawson gekauft hatte. Der Hund wand sich noch im Todeskampf, mitten auf dem Weg; Buck machte einen Bogen um ihn, ohne anzuhalten. Aus dem Lager ertönte schwach das Geräusch vieler Stimmen, die sich in einem Singsang hoben und senkten. Buck robbte an den Rand der

Lichtung; da entdeckte er Hans, der auf dem Gesicht lag und dessen Körper so mit Pfeilen gespickt war, dass er aussah wie ein Stachelschwein. Sofort schaute Buck dorthin, wo die Fichtenhütte gestanden hatte, und was er nun erblickte, ließen ihm die Haare auf Nacken und Schultern in die Senkrechte schießen. Rasende Wut überwältigte ihn. Er merkte gar nicht, dass er knurrte, doch er knurrte laut und mit grässlichem Grimm. Zum letzten Mal in seinem Leben ließ er die Leidenschaft über Schläue und Vernunft siegen; und es geschah um seiner großen Liebe zu John Thornton, dass er sich vergaß.

Die Yeehats tanzten gerade um die Reste der Fichtenhütte, als sie plötzlich ein furchtbares Brüllen hörten und ein Tier sahen, wie sie noch nie eines gesehen hatten, und dieses Tier hechtete ihnen entgegen. Es war Buck, ein fleischgewordener Hurrikan der Tobsucht, der sich im Vernichtungswahn auf sie stürzte. Er sprang dem vordersten Mann (es war der Häuptling) an die Kehle und riss eine weite Wunde hinein, und bald schoss aus der zerfetzten Halsschlagader eine Blutfontäne. Er vertat nicht viel Zeit mit diesem Opfer, sondern ging gleich zum nächsten über; ein Sprung, ein Biss wie nebenher, und der Zweite hatte einen breiten Schlitz in der Kehle. Nichts konnte Buck aufhalten. Er stieß mitten unter sie und zerriss, zerfetzte, zerstörte, was ihn umgab, in grauenerregender Geschwindigkeit, die ihm erlaubte, den Pfeilen zu trotzen, die sie auf ihn lossandten. Tatsächlich waren seine Bewegungen so unfassbar schnell, und die Indianer standen so dicht beieinander, dass sie sich mit den Pfeilen gegenseitig erschossen. Ein junger Krieger warf einen Speer, der Buck im Sprung treffen sollte, aber er flog an ihm vorbei, und die Klinge durchbohrte die Brust eines anderen Jägers, und zwar mit solcher Wucht, dass die Spitze aus dem Rücken wieder hervortrat. Nun ergriff Panik die Yeehats, und sie flohen voller Schrecken in die Wälder, und während sie flohen, riefen sie vor sich hin, der Böse Geist sei gekommen.

Tatsächlich wütete Buck wie der leibhaftige Teufel, als er ihnen hinterhertobte und sie noch zwischen den Bäumen wie Jagdwild niederriss. Es war ein schwarzer Tag für die Yeehats. Sie zerstreuten sich über die ganze Gegend, und erst eine Woche später konnten sich die letzten Überlebenden in einem tiefer gelegenen Tal versammeln und die Verluste zählen. Buck hingegen, des Verfolgens müde, kehrte in das verwaiste Lager zurück. Er fand Pete, wo er im ersten Augenblick der Überraschung getötet worden war: noch unter seinen Decken. Thorntons verzweifelter Kampf hatte sich dem Erdboden eingeschrieben: Buck folgte der Fährte, die er in allen Einzelheiten erschnüffelte, und sie führte ihn zum Rand eines tiefen Teichs. An dessen Ufer, Kopf und Vorderpfoten im Wasser, lag Skeet, treu bis in den Tod. Der Teich selbst, vom vielen Goldwaschen verfärbt und trüb, verbarg erfolgreich, was er enthielt, und er enthielt John Thornton. Buck war seiner Spur bis ins Wasser gefolgt, und sie führte hinein, aber nicht wieder heraus.

Den ganzen Tag hockte Buck schwermütig am Teich oder streifte ruhelos durchs Lager. Den Tod als Ende jeder Bewegung, als Ausscheiden vom Leben der Lebendigen kannte er, und er wusste, dass John Thornton tot war. Es hinterließ in ihm eine große Leere, dem Hunger nicht unähnlich, nur dass diese Leere mit Nahrung nicht ausgefüllt werden konnte. Manchmal, wenn er stehenblieb und die Kadaver der Yeehats betrachtete, vergaß er den Schmerz, den der Verlust ihm bereitete; und dann verspürte er einen gewaltigen Stolz auf sich selbst – einen Stolz, wie er noch nie zuvor in ihm gewesen war. Er hatte Menschen getötet, das edelste Jagdwild, das es gab, und er hatte sie dort getötet, wo das Gesetz von Knüppel und Fangzahn galt. Neugierig beschnüffelte er die Leichen der Indianer. Sie hatten sich so leicht umbringen lassen. Ein Husky war schwerer zu töten als sie. Sie stellten genau genommen gar keine richtigen Gegner dar, hätten sie nicht gelegentlich Pfeile, Speere oder Knüppel. Künftig würde er sie nie mehr fürchten, es sei denn, sie trügen in ihren Händen Pfeile, Speere oder Knüppel.

Die Nacht brach herein, und der Vollmond stieg über den Bäumen in den Himmel und strahlte; bald war das ganze Land in sein gespenstisches, beinahe taghelles Licht getaucht. Und während des Anbruchs der Nacht bemerkte Buck, der brütend und trauernd neben dem Teich lag, wieder neue Regungen in der Natur. Nein, diesmal kamen sie nicht von den Yeehats. Andere Wesen mussten sie auslösen, drüben im Wald. Er erhob sich, lauschte und witterte. Von weit her drang schwach ein scharfes Jaulen, dem ein Chor ähnlicher Stimmen folgte. Allmählich kam das Jaulen näher und wurde lauter. Wie schon so oft erkannte Buck es als ein Geräusch aus jener anderen Welt, die in seinem Gedächtnis fortbestand. Er trat in die Mitte der Lichtung und lauschte. Es war der alte Ruf, der vieltönige Ruf, und heute klang er verlockender und drängender als je zuvor. Und mehr als je zuvor war Buck bereit, ihm zu gehorchen. John Thornton war tot. Das letzte Band war zerstört. Die Menschen und ihre Interessen verpflichteten ihn nicht mehr.

Ein Wolfsrudel rührte sich dort im Wald. Da sie ihr Frischfleisch genauso erjagten wie die Yeehats, nämlich indem sie den wandernden Elchen in die Flanke fielen, hatten die Wölfe schließlich das Land der Flüsse und Bäume verlassen und waren in Bucks Tal eingedrungen. Auf die mondlichtübergossene Lichtung strömten sie als silbrige Flut; und in der Mitte der Lichtung stand Buck, reglos wie eine Statue, und erwartete sie. Dass er derart still und erhaben dastand, flößte ihnen Ehrfurcht ein, und so geschah eine Weile gar nichts. Dann wagte der Mutigste in der Schar doch eine Attacke und sprang Buck an. Blitzschnell kam Bucks Gegen-

schlag: er brach ihm das Genick. Dann stand er wieder wie
zuvor da, ohne Bewegung, während der besiegte Wolf sich
hinter ihm in Todesqualen wand. Kurz hintereinander versuchten noch drei weitere, Buck anzugreifen; aber sie alle
mussten sich, heftig aus aufgerissener Kehle oder Schulter
blutend, zurückziehen.

Das war Grund genug für das gesamte Rudel, sich nun
auf Buck zu stürzen. Es gab ein Riesengedrängel; sie waren
so begierig, die Beute zu reißen, dass sie sich gegenseitig ins
Gehege kamen und behinderten. Bucks wunderbare Schnelligkeit und Beweglichkeit sollten sich jetzt auszahlen. Er
drehte sich ständig auf den Hinterläufen, schnappte hier zu,
biss dort eine klaffende Wunde, war überall zugleich, errichtete, indem er geschwind von einer Seite zur anderen wirbelte, gleichsam einen unbezwingbaren Verteidigungswall.
Freilich konnten ihn die Gegner noch von hinten angreifen;
er musste eine entsprechende Deckung suchen. Also wich er
zurück, erst hinunter zum Teich und an ihm vorbei, dann ins
Flussbett, bis er gegen eine hohe Kiesbank stieß. In diese
Bank hatten die Männer beim Goldschürfen irgendwo einen
rechten Winkel hineingeschnitten. Buck fand ihn, schlüpfte
hinein und stellte sich sofort wieder den Wölfen. Nun auf
drei Seiten geschützt, brauchte er sich nur noch nach vorn
zu verteidigen.

Und er verteidigte sich so bravourös, dass sich die Wölfe
nach einer halben Stunde geschlagen gaben. Die Zungen
hingen ihnen allen aus den Mäulern; die weißen Fangzähne
leuchteten im Mondschein besonders bedrohlich weiß. Einige lagen am Boden, hielten aber den Kopf gereckt und spitz-
ten die Ohren; andere blieben stehen und beobachteten ihn;
wieder andere schlabberten Wasser aus dem Teich. Ein Wolf,
lang, hager und grau, näherte sich vorsichtig und freundlich,
und Buck erkannte in ihm seinen wilden Bruder, mit dem er
einen Tag und eine Nacht herumgestreift war. Er winselte

leise, und als Buck das gleiche tat, rieben sie die Nasen aneinander.

Nun trat ein alter Wolf auf ihn zu, ausgemergelt und von Kämpfen gezeichnet. Buck zog die Lefzen hoch, als wollte er die Zähne blecken, aber dann beschnüffelten die beiden einander. Der alte Wolf setze sich nieder, hob die Schnauze zum Mond und brach in das gedehnte Wolfsheulen aus. Die anderen hockten sich auch hin und schlossen sich an. Jetzt kam der Ruf aus allernächster Nähe zu Buck, und die Aussage war unmissverständlich. Er setzte sich ebenfalls hin und heulte. Danach verließ er endlich seinen Winkel, und das Rudel umringte und beschnüffelte ihn halb rauh, halb freundschaftlich. Die Leittiere stimmten den Jaulton der Meute an und sprangen in die Wälder davon. Die übrigen Wölfe rückten hinterdrein und jaulten im Chor. Und Buck lief als einer von ihnen Seite an Seite mit seinem wilden Bruder und jaulte dabei.

Und hier mag die Geschichte von Buck enden. Es vergingen nur wenige Jahre, da bemerkten die Yeehats Veränderungen im Aussehen des wölfischen Nachwuchses; manche Jungtiere hatten braune Flecken auf Kopf und Schnauze, manche auch einen senkrechten weißen Streifen auf der Brust. Doch die Yeehats erzählen noch Merkwürdigeres: Da gibt es ein Rudel, sagen sie, das führt ein Geisterhund an. Sie fürchten diesen Geisterhund, denn er besitzt mehr Schläue als sie, bestiehlt in harten Wintern ihre Lager, plündert ihre Fallen, reißt ihre Hunde und trotzt ihren tapfersten Jägern.

Und noch Schlimmeres erzählt man sich. Manche Jäger ziehen aus und kommen nicht zurück; einige finden Stammesgenossen später mit grausam aufgebissenen Kehlen, und ringsherum sind Spuren, die aussehen wie Abdrücke von Wolfspfoten, nur viel größer. Jeden Herbst, wenn die Yeehats dem Zug der Elche folgen, meiden sie ein bestimmtes Tal. Und die Frauen am Feuer werden traurig, wenn sie hören, wie es dazu kam, dass der Böse Geist jenes Tal zu seinem Aufenthaltsort erkor.

Im Sommer aber hat das Tal einen Besucher, von dem die Yeehats nichts wissen. Es ist ein großer Wolf mit einem prächtigen Fell, ein Wolf wie andere Wölfe – und doch anders als sie. Er kommt allein aus dem freundlichen Waldland herüber und geht zu einer bestimmten baumfreien Stelle im Tal. Hier sickert aus verrotteten Elchlederbeuteln ein gelbes Rinnsal und verliert sich im Boden, wo hohes Gras und vermodernde Pflanzen sein Gelb vor der Sonne verbergen; hier bleibt der Wolf eine Weile sinnend hocken, gibt einen langen, klagenden Heulton von sich, dann geht er wieder fort.

Doch nicht immer ist er allein. Wenn die langen Winternächte kommen und die Wölfe ihrem Beutefleisch in die tiefer gelegenen Täler folgen, kann man ihn im blassen Mondschein oder im flackernden Nordlicht an der Spitze eines Rudels laufen sehen, das er wie ein Gigant überragt; seine gewaltige Kehle vibriert, wenn er das Lied einer noch jungen Welt anstimmt – das Lied seines Rudels.

# Anmerkungen

Von Susanne Lenz

Die deutsche Übersetzung folgt der Ausgabe: Jack London, *The Call of the Wild, White Fang, and Other Stories*, edited by Andrew Sinclair, Introduction by James Dickey, Harmondsworth: Penguin Books, 1985.

## Epigramm

7 Verhaltne Sehnsucht ... bricht ungestüm sich Bahn: erste Strophe aus dem Gedicht »Atavism« des amerikanischen Dichters John Myers O'Hara (1870–1944).

## Kapitel 1

7 Tal von Santa Clara: Das Santa Clara Valley befindet sich etwa 70 km südlich von San Francisco, Jack Londons Geburtsstadt.

9 hundertvierzig Pfund: etwa 63,56 kg (1 *pound* = 0,454 kg).
die Sensation von Klondike: Gemeint sind die Goldfunde am Klondike River, die den historischen Klondike-Goldrausch zwischen 1896 und 1906 auslösten. Er lockte über 100 000 Goldsucher in die Region, führte zur Errichtung des kanadischen Yukon-Territoriums und zur Festlegung der Grenze zwischen Alaska und Kanada. Insgesamt wurden dort rund 12,5 Millionen Unzen Gold gehoben, was einem Volumen von über 20 m³ entspricht. Die Nachricht von der Entdeckung der Klondike-Goldfelder im August 1896 erreichte die USA erst im darauffolgenden Jahr, und zwar in der Zeit einer Wirtschaftskrise, daher brachen viele auf, um ihr Glück am Klondike zu suchen. Zu ihnen gehörte auch Jack London, der sich 1897/98 erfolglos als Goldsucher betätigte. Nach einer 2000-Meilen-Reise den Yukon abwärts kehrte er mittellos und an Skorbut erkrankt nach Kalifornien zurück. Seine ursprünglich auf Stewart Island befindliche Hütte ist noch heute in Dawson City, der an der Mündung des Klondike River in den Yukon River gelegenen ehemaligen Hochburg des Goldrauschs, zu besichtigen.

19 Peitsche: Zur Zeit des großen Goldrauschs in Alaska und Kanada waren Hundeschlitten als Transportmittel unentbehrlich. Die da-

maligen, aus Holz mit Lederriemenverbindungen gebauten Schlitten unterschieden sich jedoch deutlich von den heutigen; es war üblich, sich vorn auf den Schlitten zu stellen oder zu setzen und die Hunde mit der Peitsche anzutreiben. Die heutige Form, bei der der Musher am hinteren Ende des Schlittens auf den Kufen steht, hat sich um die 1920er Jahre durchgesetzt. Seither gehört auch die Peitsche nicht mehr zur Ausrüstung eines Hundeschlittengespanns.

Kapitel 2

23  Trail: Strecke, die ein Hundeschlittengespann befährt.
27  Deichselhund: veraltete Bezeichnung für den Wheeler oder Wheeldog, den meist stärksten Hund im Gespann, der direkt vor dem Schlitten läuft und dafür verantwortlich ist, dass dieser die Spur hält. In der ersten Position befindet sich der Leader oder Leaddog (»Leithund«), der vor allem die Aufgabe hat, die Kommandos des Schlittenführers umzusetzen. Dazwischen laufen die Swingdogs oder Teamdogs. Diese Art der Aufteilung gilt sowohl für Gespanne, bei denen die Hunde einzeln hintereinander laufen, als auch für Doppelgespanne, bei denen die Hunde paarweise angeschirrt sind. Beide Anspannformen waren bei Arbeits- und Transportschlitten in arktischen Regionen üblich.
28  hunderte Fuß: 1 *foot* = 30,48 cm.

Kapitel 3

37  Thirty Mile River: Teilabschnitt des Yukon River vom Lake Laberge bis zur Einmündung des Teslin River.
38  fünfzig Grad Fahrenheit unter Null: −10° Celsius.
46  hundert Yards: 91,5 m (1 *yard* = 0,915 m).

Kapitel 5

72  Q. E. D.: Abkürzung für die lateinische Floskel *quod erat demonstrandum* (»was zu beweisen war«), mit der traditionell ein logischer oder mathematischer Beweis abgeschlossen wird.

Kapitel 6

85 Hirschhund: veraltete Bezeichnung für den Deerhound, eine ursprünglich zur Hetzjagd auf Hirsche in Großbritannien gezüchte-
te, rauhhaarige Windhundrasse.

91 Forty Mile Creek: Nebenfluss des Yukon River; *creek* bezeichnet
im amerikanischen Englisch einen Seitenarm, ein Flüsschen oder
einen Bachlauf.

95 Bonanzakönig: Das aus dem Spanischen entlehnte Wort *bonanza*
bezeichnet sowohl im wörtlichen als auch übertragenen Sinn eine
ergiebige ›Goldgrube‹ (vgl. Anm. zu S. 9).
Eine halbe Tonne!: etwa 454 kg (eine amerikanische Tonne entspricht 907,185 kg).

98 Skookum Benches: (vermutl. fiktiver) Name von Goldadern im
Gestein eines Flusstals; *skookum* entstammt dem Chinook, einer
indianischen Sprache, die hauptsächlich im 19. Jahrhundert als
Handelssprache im amerikanisch-kanadischen Pazifikraum dien-
te, und ist dort häufig als Bestandteil von Orts-, aber auch Perso-
nennamen zur Bezeichnung herausragender Eigenschaften zu
finden; vgl. etwa Skookum Jim Mason, der zum Indianerstamm
der Tagish gehörte und als Entdecker der Goldvorkommen am
Klondike gilt. Am 16. August 1896 machte er den ersten Fund am
Rabbit Creek, einem später in Bonanza Creek (vgl. Anm. zu S. 95)
umbenannten Nebenarm des Klondike River. Aufgrund des aus-
geprägten Rassismus der damaligen Zeit konnte Skookum Jim
jedoch keinen Claim anmelden.

Kapitel 7

118 Yeehats: fiktiver Indianerstamm.

## Nachwort

### Fressen oder gefressen werden: Jack London, *Der Ruf der Wildnis*

»Kanada-Geschichten« nannte man die um die Wende vom 19. zum 20. Jahrhundert populären Geschichten aus der Wildnis im hohen Norden des amerikanischen Kontinents – ob es sich dabei tatsächlich um Erzählungen aus der britischen Kolonie oder aus Alaska handelte, tat ebenso wenig zur Sache wie die Frage, ob die Autoren wirklich Kanadier waren, wie Ernest Thompson Seton und Robert Service, oder ob es sich um Amerikaner oder Briten handelte. Besonders der schottischstämmige Seton (1860–1946, eigtl. Ernest Evan Thompson), der später einer der Gründer der *Boy Scouts of America*, des U.S.-amerikanischen Pfadfinderverbandes, wurde, war für seine vierbeinigen Protagonisten bekanntgeworden. Dem 1898 zuerst erschienenen Band *Wild Animals I Have Known* (dt. *Bingo und andere Tiergeschichten*), der ein internationaler Bestseller geworden war, hatte er 1900 *The Biography of a Grizzly* (dt. *Wahb: Lebensgeschichte eines Grislybären*) und 1901 *Lives of the Hunted* folgen lassen und damit so viel Erfolg gehabt, dass sich natürlich Nachahmer fanden. Einer dieser Nachahmer sollte gleich mit seiner ersten Geschichte den Erfolg Setons in den Schatten stellen: 1903 kam bei Macmillan *The Call of the Wild* heraus (dt. *Der Ruf der Wildnis*). Der Autor war ein gewisser Jack London. London hatte Ende der neunziger Jahre angefangen, kurze Prosatexte zu veröffentlichen; 1900 brachte er eine erste Sammlung von Geschichten aus dem fernen Norden unter dem Titel *The Son of the Wolf* heraus, und 1902 waren zwei Romane von ihm erschienen (*The Cruise of the Dazzler* und *A Daughter of the Snows*). Der Durchbruch als Autor gelang ihm aber erst mit *Der Ruf der*

*Wildnis.* Die renommierte *Saturday Evening Post* hatte
750 $ für die Erstabdruckrechte gezahlt, Macmillan legte
2000 $ für die Buchrechte auf den Tisch. Nach heutiger
Rechnung waren das etwa 70 000 $, und die Werbekampag-
ne Macmillans sicherte dem Buch von vornherein Aufmerksamkeit. Ein Artikel über London im *Current Literature
Magazine* vom April 1904 berichtete mehr oder weniger
genau über seinen abenteuerlichen Lebensweg, half damit
bei der Begründung des Mythos und notierte die außerge-
wöhnliche Aufmerksamkeit, die das Buch auf sich gezogen
habe. Jack London war in der Riege der amerikanischen Ge-
genwartsautoren angekommen; *Der Ruf der Wildnis* sollte
einer der erfolgreichsten Romane der amerikanischen Literatur werden. Er wurde in mehr als achtzig Sprachen übersetzt, die Zahl der Ausgaben dürfte mittlerweile vierstellig
sein.

Jack London war 1876 in San Francisco geboren worden. Da
die standesamtlichen Unterlagen während des großen Erd-
bebens im April 1906 zerstört wurden, ist sein Geburtsname
unklar, meistens wird er als John Griffith Chaney angege-
ben. Es ist auch nicht gesichert, ob Londons wahrscheinli-
cher biologischer Vater, der Astrologe William Chaney, mit
seiner Mutter Flora Wellman verheiratet war. Jedenfalls
verließ er sie in der Schwangerschaft und wollte auch später
nichts mit dem Jungen zu tun haben. Londons Mutter, die
zunächst versucht hatte sich umzubringen, heiratete nach
Jacks Geburt einen verwitweten kriegsversehrten Bürger-
kriegsveteranen namens John London. Jack war seinem
Stiefvater nahe, litt aber unter der Lieblosigkeit seiner Mutter. Wegen ihres instabilen Gesundheitszustandes war er
zunächst von einer afrikamerikanischen Amme, seiner auch
später noch geliebten »Mammie Jennie«, gefüttert worden,
später wurde er hauptsächlich von seiner Stiefschwester Eli-

za aufgezogen. Die Familie lebte in finanziell unsteten und zunehmend ärmlichen Verhältnissen, musste mehrfach von vorne anfangen. Jacks Lebensweg war damit bereits eine Richtung vorgegeben, die ihn empfänglich machen sollte für die Rauheit der Wildnis des Nordens und für die Vorstellung vom Leben als einer von zwei Alternativen: fressen oder gefressen werden.

Jacks Bildungsweg war holperig, regulärer Schulbesuch war nach der Grundschule nicht immer möglich. Sein Bildungshunger allerdings war groß: Ina Coolbrith, Bibliothekarin der Stadtbücherei von Oakland, eine der Gründerinnen des *Overland Monthly* und später *Poeta Laureata* von Kalifornien, und der Kneipenwirt John Heinold unterstützten Londons Bemühungen ideell und finanziell. Zeitweise las Jack an einem von Heinolds Kneipentischen. Um zu überleben, arbeitete er in einer Dosenfabrik, als illegaler Austernfischer und, die Seiten wechselnd, als staatlicher Fischereiaufseher, als Matrose auf einem Robbenfänger und als Heizer in einem Elektrizitätswerk. Die Wirtschaftskrise von 1893 machte ihn zum *Hobo*, der auf Güterzügen durch Nordamerika trampte. 1894 saß er deshalb wegen Landstreicherei für einen Monat im Gefängnis – ein Erlebnis, das er später wie viele andere Stationen seines Lebenswegs in literarischen Texten verarbeiten sollte.

Die wichtigste Station und gleichzeitig die, von der er den *Ruf der Wildnis* mitnehmen sollte, war Alaska. 1897 war London zusammen mit einem seiner Schwäger wie viele andere an den Klondike aufgebrochen, wo Gold gefunden worden war. Der zweite große Goldrausch des Jahrhunderts beflügelte weltweit Phantasien und Energien – abenteuerliche und schwärmerische, ehrliche und kriminelle.

Knapp fünfzig Jahre zuvor war das Bergland von Kalifornien das Ziel Tausender gewesen, die dem »Lockruf des

Goldes« folgten (der den Titel für ein weiteres London-Buch liefern sollte), und wie 1848 brachte die Hoffnung auf schnellen Reichtum ein Menschengemisch aus aller Herren Länder und verschiedensten Berufen zusammen. Allerdings waren die klimatischen Bedingungen in Alaska deutlich härter als die in Kalifornien. Den meisten, die sich auf die Reise nach Alaska machten, dürfte kaum klar gewesen sein, auf was sie sich einließen: sie waren eher hoffnungsvoll bis gierig als wirklich abenteuerlustig und konnten gar nicht hören, dass dem Lockruf der Goldes ein zweiter, rauherer Ruf untergemischt war – der Ruf der Wildnis. Zusammen ergaben beide eine tödliche Mischung – vor allem für die, deren Nähe zur Natur bis dahin aus sonntäglichen Spaziergängen im örtlichen Stadtpark oder Ausritten in der ländlichen Nachbarschaft bestanden hatte. Von rund Hunderttausend, die sich weltweit auf die Reise machten, nachdem die Nachricht der ersten Funde 1896 sich zu einer immer größer werdenden Lawine von Meldungen aufgebauscht hatte, kamen nur Dreißig- bis Vierzigtausend überhaupt am Klondike an. Die kanadischen Grenzposten, die oberhalb der Hauptroute von den U.S.-Häfen Dyea und Skagway ins Landesinnere wachten, forderten von jedem der prospektiven Goldsucher den Nachweis über Lebensmittel für ein ganzes Jahr. Vielleicht jeder Zehnte dürfte überhaupt etwas gefunden haben. Jack London war nicht darunter – er hatte zwar einen Claim erworben, es ist aber unklar, wie lange und intensiv er je selbst dort nach Gold geschürft hat. Allerdings fand er etwas anderes: Material für seine Geschichten.

Die Kleinstadt Dawson City war während der Hochphase des Goldrauschs von etwa fünfhundert Einwohnern auf fast dreißigtausend förmlich explodiert. London lebte im Herbst 1897 und Frühjahr 1898 in einer Unterkunft, die er von den Brüdern Marshall Latham Bond und Louis

Whitford Bond gemietet hatte. Einer der Schlittenhunde, den die Bonds besaßen, soll eine Mischung aus Bernhardiner und schottischem Hirtenhund gewesen sein, die Jack London so beeindruckte, dass er die Hauptfigur von *Der Ruf der Wildnis*, Buck, in seiner äußeren Erscheinung an diesen Hund anlehnte.[1] Die Bonds waren die Söhne eines reichen Bankiers aus Santa Clara in Kalifornien, und dieser Hiram Bond bekleidete neben seinem Bankiersposten auch noch ein Richteramt, investierte in Minen und in den Obsthandel – es ist nicht schwierig, hinter dieser historischen Persönlichkeit den Richter Miller wiederzuerkennen, den Patriarchen, auf dessen weitläufigen Ländereien im Santa-Clara-Tal London seine Hauptfigur Buck aufwachsen lässt.

An diesem Punkt setzt das kriminelle Element ein: Buck wird entführt und verschachert. Auch wenn nur wenige der Goldsucher vom Edelmetall reich wurden, machten doch viele andere ihren Profit. Schlittenhunde oder jedenfalls Hunde, die man vielleicht dafür verwenden und ausbilden konnte, sofern sie lange genug überlebten, waren eine vermarktbare Ware wie eine Reihe von anderen Waren auch – die Goldgräber brauchten Ausrüstung und Gerätschaften, sie wollten mit Lebensmitteln versorgt werden, mit Alkohol und Tabak, Waffen und Munition und in den Städten auch mit Unterhaltung, die sie oft genug ihren frisch erworbenen Reichtum gleich wieder umsetzen und oft genug verlieren ließ.

Die Geschichte zeigt den Wechsel von einer Literatur der romantischen Sicht auf Mensch und Tier zur naturalistischen Marktgesetzlichkeit der Moderne: Aus der begrenzten Sicht des Hundes erleben die Leser einen harten, stückweise

---

1  Eine Quelle für einige der anderen Hundetypen war *My Dogs in the Northland* (1902) des Kanadiers Egerton Ryerson Young, dessen Vorbildfunktion London später sogar bestätigen sollte.

brutalen und meistens unbarmherzigen Überlebenskampf.
Der Umgang von Menschen untereinander und erst recht
von Mensch und Tier wird durch (Wirtschafts-)Macht und
Gerissenheit, Brutalität und schiere Kraft bestimmt, durch
das »Gesetz von Knüppel und Fangzahn«, wie eine der Kapi-
telüberschriften das nennt. Freundliche Hunde wie die Neufundländerin Curly werden von anderen totgebissen (S. 22);
es überleben die von vornherein für die Arbeit mit den
schweren Schlitten gezüchteten Tiere mit ihrem relativ hohen Anteil an wölfischem Genmaterial – und es überleben
die Anpassungsfähigen wie Buck, dessen von seinen Eltern
geerbte natürliche Kraft und Intelligenz sich in der neuen
Umgebung letztlich bewähren.

Was London hier für einen Hund postulierte, nahm er
als für Menschen ähnlich gegeben an: Weiche und zur An-
passung an die Bedingungen unfähige Menschen gehen im
Wortsinne unter – die drei aus der Stadt stammenden
Möchtegern-Abenteurer Hal, Charles und Mercedes versin-
ken mit ihrem Schlitten und den wenigen überlebenden
Teamgefährten Bucks vor den Augen des Hundes und seines
Retters John Thornton im eisigen Wasser (S. 83). An dieser
Stelle kommt zum einzigen Mal in dieser ansonsten der Lo-
gik des literarischen Naturalismus folgenden Geschichte so
etwas wie Barmherzigkeit ins Spiel. John Thornton erbarmt
sich des völlig erschöpften und geprügelten Buck, der ihn
dafür in typischer Hundeart mit abgöttischer Liebe belohnt
und für ihn eine Wette gewinnt, die Thorntons finanzielle
Probleme löst und Buck unter die Legendenhelden der
Goldfelder befördert (S. 100). Mann und Hund scheinen in
perfekter Partnerschaft am äußersten Rand der Zivilisation
vereint – eine Steigerung ist nicht mehr möglich, eine Rückkehr in eine wie auch immer geartete ›Normalität‹ auch
nicht.

Nachdem Thornton und seine beiden Freunde von Yeehats[2] – Indianern, auf deren Gebiet sie sich befanden – getötet worden sind, verwildert Buck endgültig. Zeichen des Übergangs ist sein Angriff auf die Yeehats, unter denen er wütet und die er in alle Winde zerstreut. Allein und nur noch von den Leichen von Freund und Feind umgeben, schließt sich der Hund einem Rudel Wölfe an, von denen er einen bereits auf einem seiner Streifzüge kennengelernt hatte. Nachdem er zunächst in einem kurzen, harten Kampf seine physische Überlegenheit bewiesen hat, steigt er binnen kurzem zum Anführer des Rudels auf, weil er größer, widerstandsfähiger, geschickter und intelligenter als die Wölfe ist.

Das war nun allerdings eine ungewöhnliche Tiergeschichte. An der Grenze zwischen Viktorianik und Moderne speiste sich das normalerweise besonders für Kinder und Jugendliche empfohlene Genre der Tiergeschichten ansonsten aus zwei sehr unterschiedlichen Quellen. Autoren konnten sicher sein, dass ihre Leserschaft mit der Fabelwelt von Äsop bis Lafontaine vertraut war, in der Tieren menschliche Züge und Qualitäten zugedichtet wurden. Wie eine ganze Reihe anderer kultureller, technischer, sozialer Felder trennte sich aber auch diese literarische Tierwelt noch vor der Jahrhundertwende in einen rückwärts gewandten und romantisierenden Teil und einen naturalistisch-modernistischen Flügel. Für die romantisierende erste Gruppe stehen z. B. die Figuren in Carlo Collodis *Pinocchio* (1883, engl. Übers. 1892), Lewis Carrolls *Alice in Wonderland* (1865) und in den populären Geschichten Beatrix Potters (ab 1902)

---

2 In der Forschung wurde bisher angenommen, London habe dieses in Alaska nicht vorkommende Volk erfunden. Allerdings gibt es in Oregon ein als Yachats bekanntes Volk, dessen ähnlich ausgesprochener Name hier Pate gestanden haben könnte. London war selbst allerdings erst Jahre nach der Veröffentlichung von *Der Ruf der Wildnis* in Südoregon, wo heute Jack London Peak nach ihm benannt ist.

und ihrer Epigonen. Diese Sprossform der Fabel nutzte Tiere nicht mehr als Platzhalter für menschliche Figuren, sondern verwandelte sie konsequent in Menschen, indem sie niedliche Pelztierchen der zeitgenössischen Mode entsprechend einkleidete und dazu noch in menschlichen Behausungen einquartierte.

Die zweite Textgruppe zeigte die Auswirkungen der Verwissenschaftlichung des Alltagslebens in der Folge der Wendung zu den empirischen Wirtschafts- und Naturwissenschaften im 19. Jahrhundert. Das Wissen um und über Tiere nahm in dieser Phase enorm zu: Die weltweit verbreitete zweite, erweiterte und von Gustav Mützel und den Brüdern August und Friedrich Specht illustrierte Ausgabe von Alfred Edmund Brehms *Tierleben* (1882–84) machte Wildtiere, ihre Lebensform und ihre Gewohnheiten breiteren Schichten der Bevölkerung bekannt. Die Arbeit der Tier- und Naturschützer in den Vereinigten Staaten, vom *Boone & Crockett Club* (seit 1887) über den einflussreichen *Sierra Club* (seit 1892) bis zur *National Audubon Society* (seit 1905), zeigte ebenfalls Auswirkungen. Als 1901 nach der Ermordung William McKinleys der Gründer des *Boone & Crockett Club*, Theodore Roosevelt, Präsident der Vereinigten Staaten wurde, war der Weg frei für eine naturfreundlichere Gesetzgebung und für die Schaffung von Nationalparks und Schutzräumen für Tiere und Landschaften.

Photographien und Dokumentationen über diese Parks und die Tiere in ihnen brachten ein realistischeres Bild der nordamerikanischen Tierwelt in die Haushalte der bürgerlichen Mittelschicht, die solche Texte las. Auch Reiseberichte konnten um die Jahrhundertwende mit der zunehmenden Verbreitung der Halbtonrasterungstechnik schon Schwarzweißphotographien enthalten. Die Grenzen zwischen nicht fiktionalen und fiktionalen Texten verschwammen in einer ersten Generation von Doku-Fiktionen. In diese Zeit hinein schrieb Jack London seine berühmtesten Tiergeschichten *Der Ruf der Wildnis* und deren Quasi-Fortsetzung *Wild Fang* (1906, dt. *Wolfsblut*). Er war nicht der erste Autor, der mit einer personalen Erzählperspektive experimentiert hatte, deren ›Person‹ ein Tier war. Ernest Thompson Seton hatte in *Bingo und andere Tiergeschichten* bereits ähnliche Figurenperspektiven verwendet; Londons Buck war aber deutlicher auf eine animalisch-primitive Perspektive begrenzt, die naturnaher wirkte.

Gleichzeitig verschoben sich die Darstellungsmuster im literarischen Feld in die gleiche Richtung, weg von romantischen und sentimentalen Mustern. Der Goldrausch von Kalifornien hatte den Hintergrund geliefert für einige der frühen Erfolge von Samuel Langhorne Clemens, besser bekannt unter seinem Schriftstellernamen Mark Twain, und von Francis Bret Harte. Beide schrieben in der Tradition der sogenannten *Southwestern Humorists* und wurden führende Repräsentanten des literarischen Realismus (etwa 1865 bis 1910). Der Realismus zeigte besonders in seinen Hauptvertretern William Dean Howells und Henry James ein geschärftes Auge für Details des Alltags und für eine psychologisch präzise Charakterisierung der Figuren, die allerdings zumeist noch der Mittel- und Oberklasse entstammten. Der Realismus war zugleich die letzte literarische Periode, die noch deutlich den Glauben an moralische Selbstbestimmung zeigte: Oft stehen die Hauptfiguren an entscheidenden Punkten in ihren Lebensgeschichten vor der Wahl, sich moralisch zu verhalten und dafür wirtschaftliche oder persönliche Nachteile in Kauf zu nehmen oder unmoralisch Gewinne zu machen bzw. ihren wirtschaftlichen und sozialen Status halten zu können.

Um 1890 mischt sich in diese Literaturform ein neuer Ton. Wie bei den britischen Sozialrealisten Charles Kingsley und George Gissing kommen auch bei amerikanischen Autoren wie Stephen Crane und Hamlin Garland die Unterschichten mit ins Bild, und unter dem Einfluss französischer Autoren wie Émile Zola experimentieren auch Amerikaner wie Frank Norris mit den naturalistischen Darstellungsmodi. Der Naturalismus greift Ergebnisse naturwissenschaftlicher Forschung auf. Im Gefolge der Einsichten, die Charles Darwin in die Entwicklung und Veränderung der Tierarten gewonnen hat, werden in der zweiten Hälfte des 19. Jahrhunderts weitere biologische und soziologische Studien unternommen. Die Schüler des Evolutionsbiologen Herbert Spencer proklamieren »survival of the fittest«, was unglücklicherweise fast sofort sowohl soziopolitisch (als ›Recht des Stärkeren‹) wie sportphysiologisch (als Vorrecht und Anspruch physischer Makellosigkeit) missverstanden wird. Biologische Anlagen bestimmen auch bei Norris das Leben seiner Hauptfiguren und machen im Zweifelsfall wie bei dem selbsternannten Zahnarzt McTeague im gleichnamigen Roman den amerikanischen Traum der Verbesserung der Lebenssituation aus eigener Kraft wieder zunichte. Umgekehrt bleibt – wie an Buck gezeigt wird – der durch seine natürlichen Kräfte Begünstigte letztendlich Sieger.

Im Jahr nach Erscheinen von *Der Ruf der Wildnis* sollte London den naturalistischen Biologismus in *Der Seewolf* auf einen Menschen übertragen: Der verweichlichte Schriftsteller Humphrey van Weyden, der aber eine bemerkenswerte körperliche Konstitution hat, wird nach einem Schiffsunglück von einem Robbenfänger aufgefischt. In der Konfrontation mit dem naturalistischen Credo des brutalen Kapitäns Wolf Larsen wächst Hump nach und nach als Mann, mausert sich zum fähigen Segler, kämpft um sein Leben und bewährt sich überzeugend, während der zunächst körperlich eindeutig überlegene Kapitän zunehmend Krankheitssymptome zeigt und vermutlich einem Hirntumor zum Opfer fällt. Körperliche Kraft und Intelligenz allein rei-

chen für einen London-Helden nicht aus – es ist auch eine
Frage der Willensstärke. Genauso kämpft sich Buck durch:
aus seiner Behaglichkeit herausgerissen, beweist er sich in
der gnadenlosen Umgebung des arktischen Nordens als an-
passungsfähig und als an Kraft, Intelligenz und Willensstärke letztlich überlegen.

Der besondere Reiz von Londons Geschichte liegt in der
Mischung. Zum sozialen Realismus seines Gesellschaftsbil-
des und zum biologistischen Determinismus seiner Natur-
darstellung kommen Elemente des klassischen amerikanischen Abenteuerromans und des Westerns: Bewährung des
aus der Zivilisation stammenden Helden unter den klimatischen und geographischen Bedingungen der Wildnis, Kampf
gegen Ureinwohner und wilde Tiere, eine Staffelung der
Proben und der Bewährung zuerst mit den beiden kanadischen Kurieren François und Perrault, dann mit Hal, Charles
und Mercedes, zuletzt mit John Thornton.

Die wechselnden Besitzer signalisieren zugleich einen
abnehmenden Einfluss der Zivilisation, und mit ihnen wan-
delt sich Bucks vornehme Bedächtigkeit in das Geschick und
die Ökonomie des Krafteinsatzes, die das Leben in der Wildnis auszeichnet. Der Ruf der Wildnis wird auch sowohl auf
der philosophisch-inhaltlichen Ebene des Textes wie phy-
sisch-akustisch lauter – als Buck nach dem gewaltsamen Tod
Thorntons auf die Seite der Wölfe wechselt, ist damit nur
der letzte einer ganzen Reihe von Schritten vollzogen.
Schon vor dem Verlust seines letzten Herrn hatte Buck
Kontakt zu den Wölfen aufgenommen, und die ›Stimme seines Blutes‹ hatte ihn in inneren Visionen zurückgeführt an
den Beginn des wechselseitig zivilisierenden Kontakts von
Wölfen und Hominiden, den London mit in die letzten Kapitel einspinnt.

Gleichzeitig ist dieser Weg zurück aber nicht die einzige
Erzählung, die hier verhandelt wird: auf der anderen, ty-

pisch amerikanischen Erzählebene ist die Geschichte Bucks eine des amerikanischen Traums vom gewonnenen Überlebenskampf. Es ist eine Geschichte, die auch von den sportlichen, ehrlichen und aufstrebenden Jungen der populären Horatio-Alger-Romanen erzählt wurde in der Ideologie des »strenuous life«, des Lebens als Herausforderung, wie es gerade in der zweiten Hälfte der neunziger Jahre des 19. Jahrhunderts von Personen des öffentlichen Lebens wie dem Bundesrichter Oliver Wendell Holmes und dem späteren Präsidenten Theodore Roosevelt propagiert wurde.

Es traf London tief, dass ihm gerade dieser Präsident Theodore Roosevelt, selbst ein Autor von Geschichts- und Reisebüchern, 1906 auf dem Höhepunkt einer von John Burroughs im *Atlantic Monthly* 1903 losgetretenen Kontroverse um literarische Darstellungen des Lebens in der Wildnis vorwarf, wie andere Autoren auch ein *nature faker*, ein »Naturfälscher«, zu sein. Statt ihrem Anspruch gerecht zu werden, das Leben in der Wildnis zu dokumentieren, produzierten diese Autoren und namentlich London absurdes Zeugs, befand Roosevelt unter Hinweis auf eine Kampfszene zwischen Wolf und Bulldogge in *Wolfsblut*. London ließ sich nicht auf einen Schlagabtausch ein. Erst 1908 kommentierte er die ›Naturfälscher‹-Debatte in einem Artikel, der »Die anderen Tiere« überschrieben war:

»Ich bekenne mich schuldig, zwei Tiergeschichten geschrieben zu haben – zwei Bücher über Hunde. Dass ich diese zwei Geschichten geschrieben habe, war meinerseits allerdings in Wirklichkeit ein Protest gegen die ›Vermenschlichung‹ von Tieren. Es schien mir, dass einige Tier-Autoren diesbezüglich ziemlich gründlich schuldig waren. Wieder und wieder und wieder schrieb ich in meinen Geschichten von meinen Hunde-Helden so: ›Er dachte über diese Dinge nicht nach, er tat sie einfach‹

und so weiter. Und ich tat das immer wieder, so dass es meine Geschichten schon verstopfte und meine eigenen künstlerischen Prinzipien verletzte, und ich tat das, um dem Durchschnittsmenschen einzuhämmern, dass diese meine Hunde-Helden nicht von abstrakter Vernunft getrieben wurden, sondern von Instinkt, Empfinden und Emotion und von einfachem Verstand. Außerdem versuchte ich meine Geschichte in Einklang zu bringen mit den Fakten der Evolution; ich schnitzte sie so zu, dass sie dem Stand der Wissenschaft entsprach, und wachte eines Tage auf und fand mich mit Kopf und Kragen ins Lager der ›Naturfälscher‹ gesperrt.«[3]

Damit war London in der Tat ungerecht behandelt worden. Diese Behandlung sollte allerdings noch weiter gehen. Unter dem Einfluss der ›Tier‹-Figuren Walt Disneys ab Mitte des 20. Jahrhunderts wurde *Der Ruf der Wildnis* in einer Reihe von Neuauflagen als Kinderbuch bearbeitet, und die Verfilmungen von 1935 (mit Clark Gable) und 1972 (mit Charlton Heston) verlagerten den Schwerpunkt der Geschichte auf die Thornton-Figur und machten aus Buck zudem hauptsächlich einen Gefährten des jeweiligen Star-Schauspielers. Dabei war Londons Buch eigentlich eine Studie der Entzivilisierung gewesen und damit weit über die Tier-Abenteuergeschichten seiner Zeitgenossen und späterer Autoren hinausgegangen. Es bestätigte sozusagen aus der anderen Richtung kommend Bertolt Brechts Satz, dass die Schönheit der Natur von der Unbewohnbarkeit der Städte herrühre. Die Natur in *Der Ruf der Wildnis* ist ein Ort ohne sentimentale Komponente, in der das Gesetz des

---

3 Jack London, »The Other Animals«, in: J.L., *Revolution and Other Essays*, New York: Macmillan, 1910, S. 235–267, hier S. 238 (übers. von W.H.).

Fressens oder Gefressenwerdens herrscht. Wer dem Ruf dieser Wildnis folgt und dabei einen Fehler macht, muss damit
rechnen, dass dieser Fehler doppelt zählt: als der erste – und
als der letzte.

*Wolfgang Hochbruck*

## Literaturhinweise

Ayck, Thomas: Jack London. Mit Selbstzeugnissen und Bilddokumen-
ten. Reinbek: Rowohlt, 2000. (Rowohlts Monographien, 50244.)

Barltrop, Robert: Jack London. Eine Biographie. Frankfurt a.M.: Ullstein, 1988.

Bödeker, Birgit: Die eigenwillige Erstübersetzung von Lisa Löns als
Hauptspender für die Übertragungen von *The Call of the Wild* ins
Deutsche / *The Call of the Wild* in Deutschland: Eine gespaltene
Übersetzungstradition. In: Armin Paul Frank (Hrsg): Die literarische
Übersetzung – der lange Schatten kurzer Geschichten: Amerikani-
sche Kurzprosa in deutschen Übersetzungen. Berlin: Schmidt Ver-
lag, 1989. S. 209–213 und 172–187.

Burroughs, John: Real and Sham Natural History. In: Atlantic Monthly
91 ([März] 1903) S. 298–309.

Fusco, Richard: On Primitivism in *The Call of the Wild*. In: American
Literary Realism 1870–1910 20 (1987) Heft 1. S. 76–80.

Kershaw, Alex: Jack London. A Life. London: Flamingo, 1998.

Krausnick, Michael: Jack London. München: Deutscher Taschenbuch
Verlag, 2006.

London, Charmian: Jack London. Das Abenteuer eines Lebens. Erzählt
von seiner Frau. Berlin: Universitas, 1976.

London, Jack: The Other Animals. In: J.L.: Revolution and Other Essays. New York: Macmillan, 1910. S. 235–267.

Seton, Ernest Thompson: Wild Animals I Have Known. New York:
Scribner, 1912.

Tavernier-Courbin, Jacqueline: *The Call of the Wild: A Naturalistic Ro-
mance. New York: Twayne, 1994.